Anna Kistler / Stefanie Schneider

Rechnen ohne Stolperstein

Lernstandserhebungen

Pränumerischer Bereich und Zahlenräume bis 1000
mit Einmaleins und Teilen

Kopiervorlagen

Cornelsen

Redaktion: Sabine Müthing
Projektleitung Cornelsen: Irena Reinhardt, Berlin
Illustration: Kristina Klotz, München
Umschlaggestaltung: Corinna Babylon, Berlin
Umschlagillustration: Kristina Klotz, München
Layout und technische Umsetzung: LemmeDESIGN, Berlin

www.cornelsen.de

2. Auflage, 2. Druck 2022

Druck: Esser printSolutions GmbH, Bretten

ISBN 978-3-589-16137-9

PEFC/04-31-2851

PEFC zertifiziert
Dieses Produkt stammt aus nachhaltig bewirtschafteten Wäldern und kontrollierten Quellen.

www.pefc.de

Inhaltsverzeichnis

Pränumerischer Bereich

Zahlenraum bis 10

Zahlenraum bis 20

Zahlenraum bis 100

Zahlenraum bis 1 000

Vorbemerkungen

In Anlehnung an die Lernschritte in „Rechnen ohne Stolperstein“ wurden die Lernstandserhebungen in diesem Heft konzipiert. Es werden alle wesentlichen Recheninhalte der Bände 1–5 abgefragt. Auch hier bieten wir bei der Darstellung der Mengen die Formzahlbilder in der Zweieranordnung an.

Auf jedem Blatt ist jeweils rechts oben ersichtlich, welcher Bereich geprüft wird. Die freie rechte Spalte bietet Platz für Beobachtungen und Notizen bei der Durchführung oder eventuelle Bewertungen.

Wir haben in der Regel darauf geachtet, dass verschiedene Inhalte getrennt angeboten werden können. So befinden sich die Orientierung im entsprechenden Zahlenraum, sowie Plus-, Minus- und Sachaufgaben getrennt von besonderen Aufgabenstellungen wie z. B. Tausch-, Umkehr- Zerleg- oder Platzhalteraufgaben.

Bei der Durchführung sollte unbedingt beobachtet und notiert werden, ob die SchülerInnen Anschauungsmittel anwenden und wie sie diese einsetzen. Auch daraus können hilfreiche Erkenntnisse für eine gezielte Förderung gewonnen werden. Sehr aufschlussreich ist stets, sich von Kindern die verwendeten Rechenstrategien erklären zu lassen.

Name

Datum

Pränumerisch

Male einen Ball richtig dazu!

unter 

auf 

Male so aus: Tiere, die nach rechts schauen: braun
Tiere, die nach links schauen: gelb

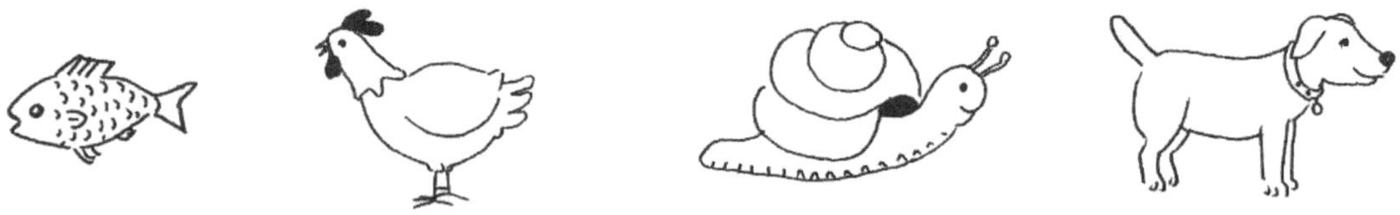

Zeichne Pfeile dazu: ← →

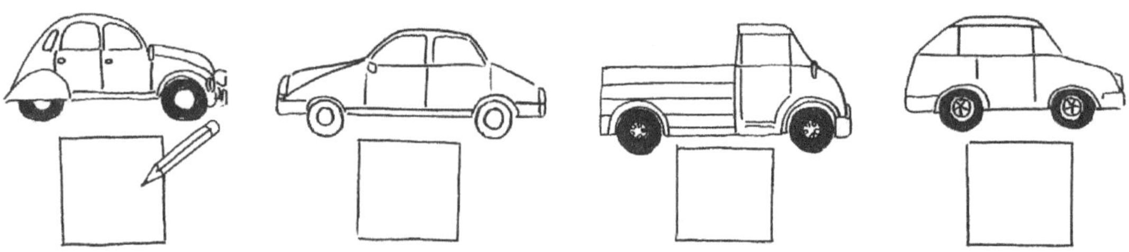

Male richtig aus!

grün gelb rot blau orange lila

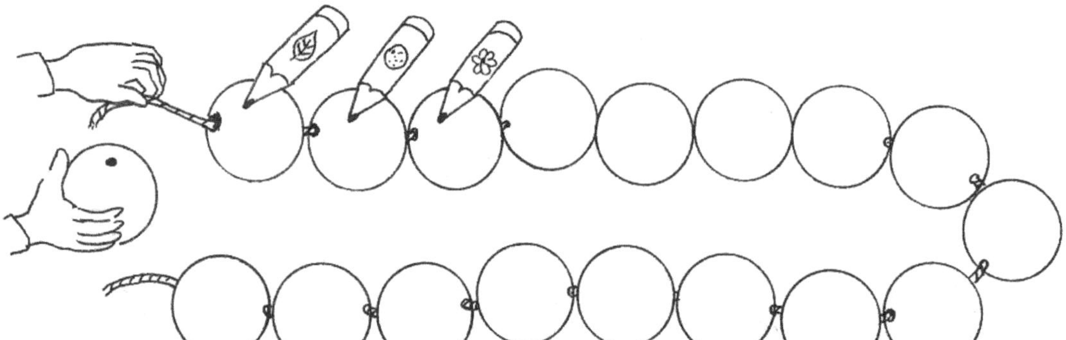

Kistler/Schneider: Rechnen ohne Stolperstein, Lernstandserhebungen. Illustrationen: Kristina Klotz

Name Datum

Pränumerisch

Verbinde!

Male die Zeichen dazu!

zuerst dann zuletzt

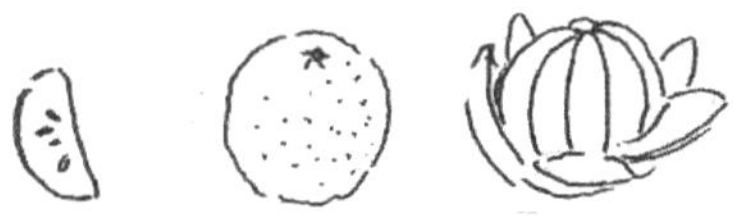

1 Strich für jedes Tier.

Verbinde immer 1 : 1

Name Datum

Pränumerisch*

Male Kreise aus!

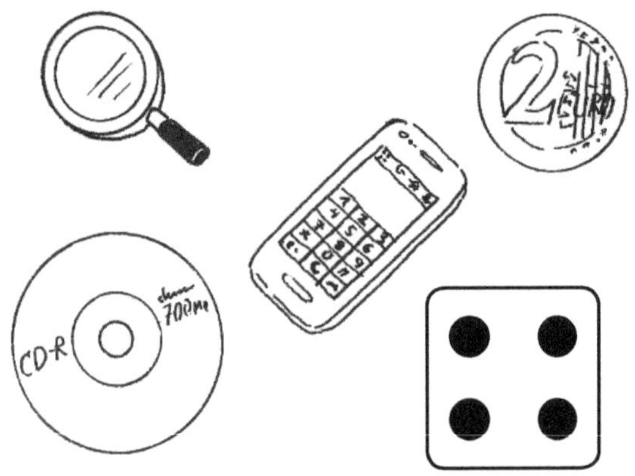

Male Quadrate aus!

Male Rechtecke aus!

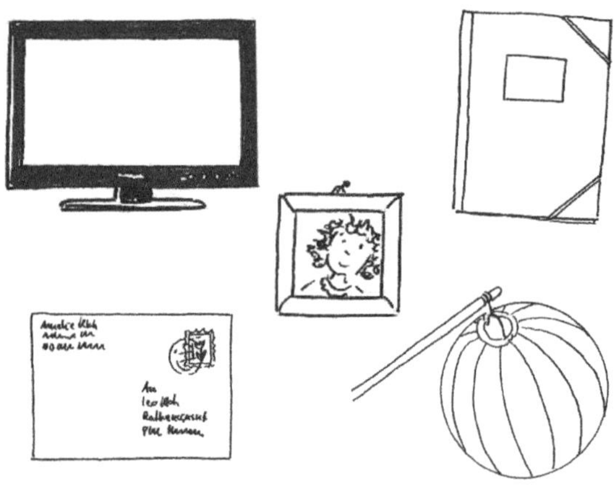

Male Dreiecke aus!

Male so an: 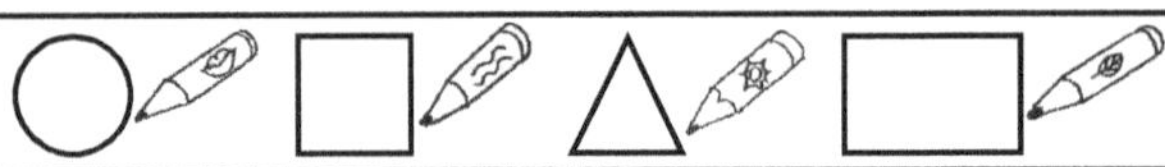

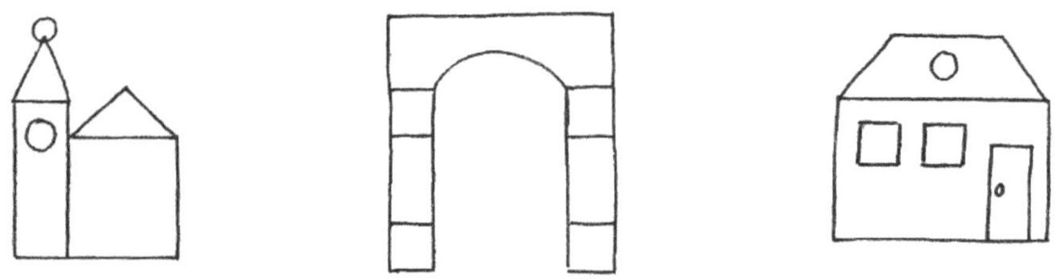

Zeichne 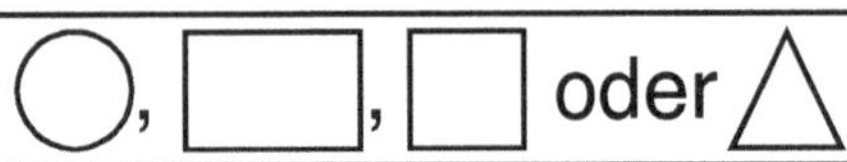 dazu!

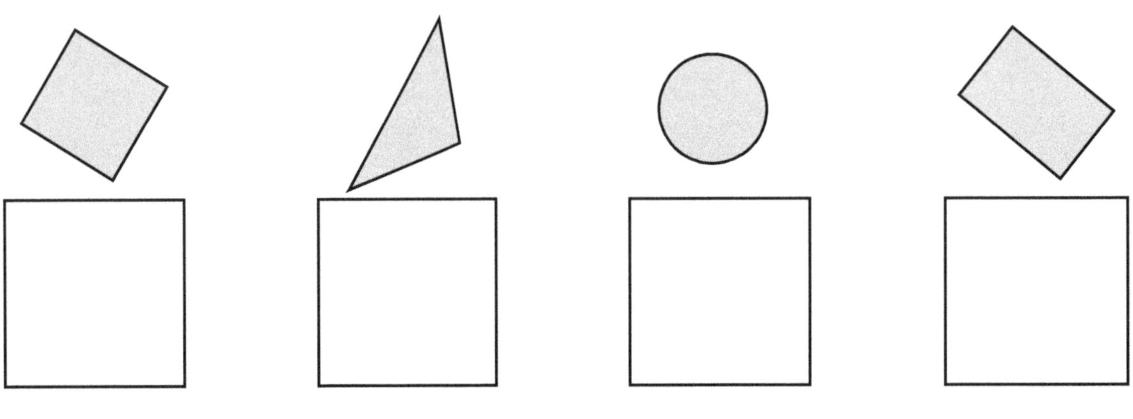

Kistler/Schneider: Rechnen ohne Stolperstein, Lernstandserhebungen. Illustrationen: Kristina Klotz

 * Formen sind in Band 1 A nach der Menge 3 zu finden

Name Datum

Pränumerisch*

Male das Muster fertig!

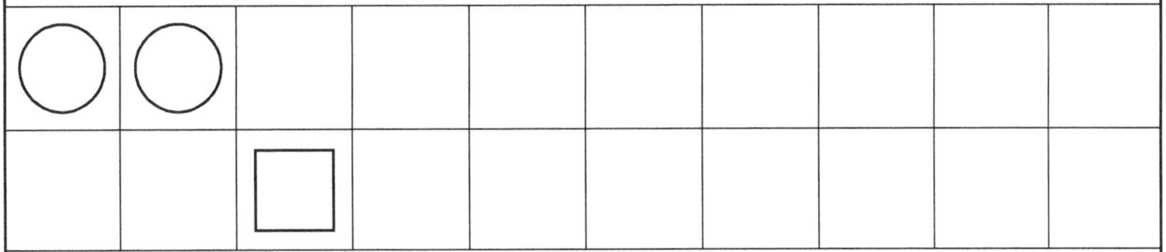

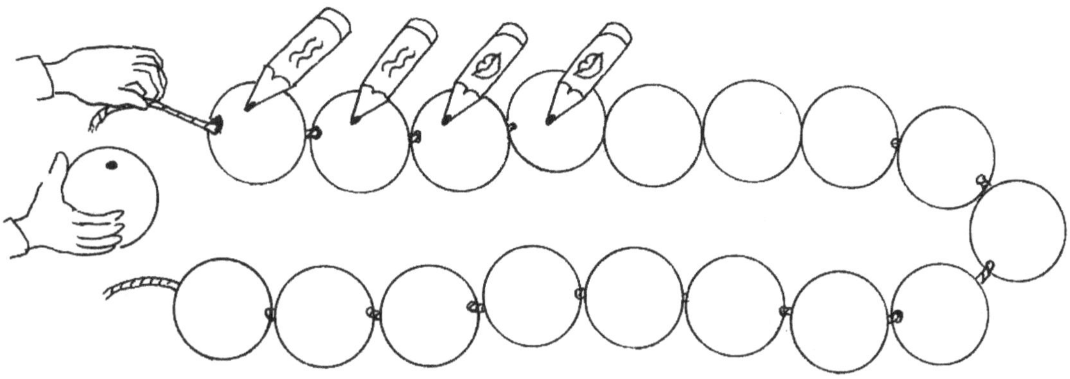

Male richtig aus!

Male richtig!

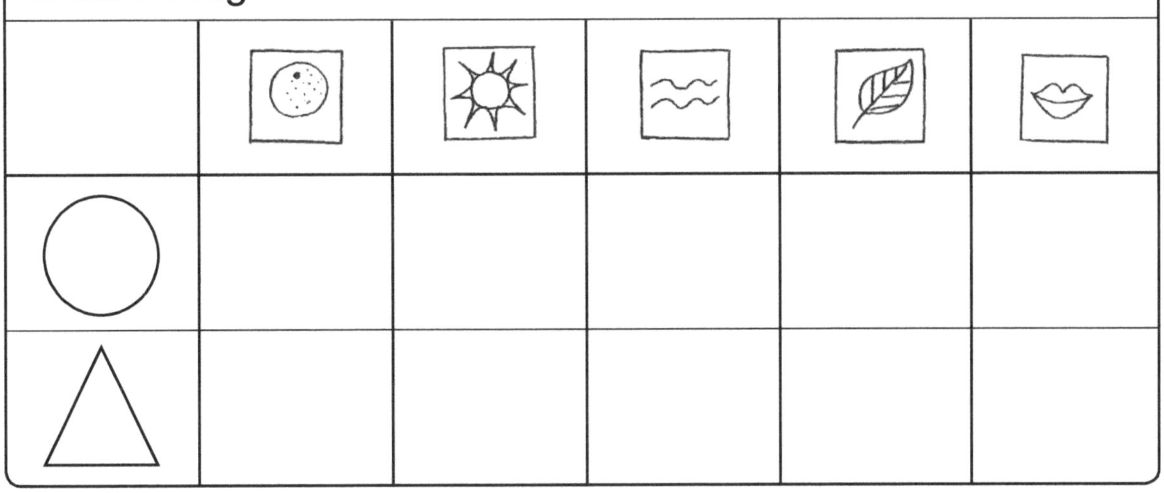

* Formen sind in Band 1 A nach der Menge 0 zu finden

Name Datum

Pränumerisch

Mehr, weniger, gleich viele?

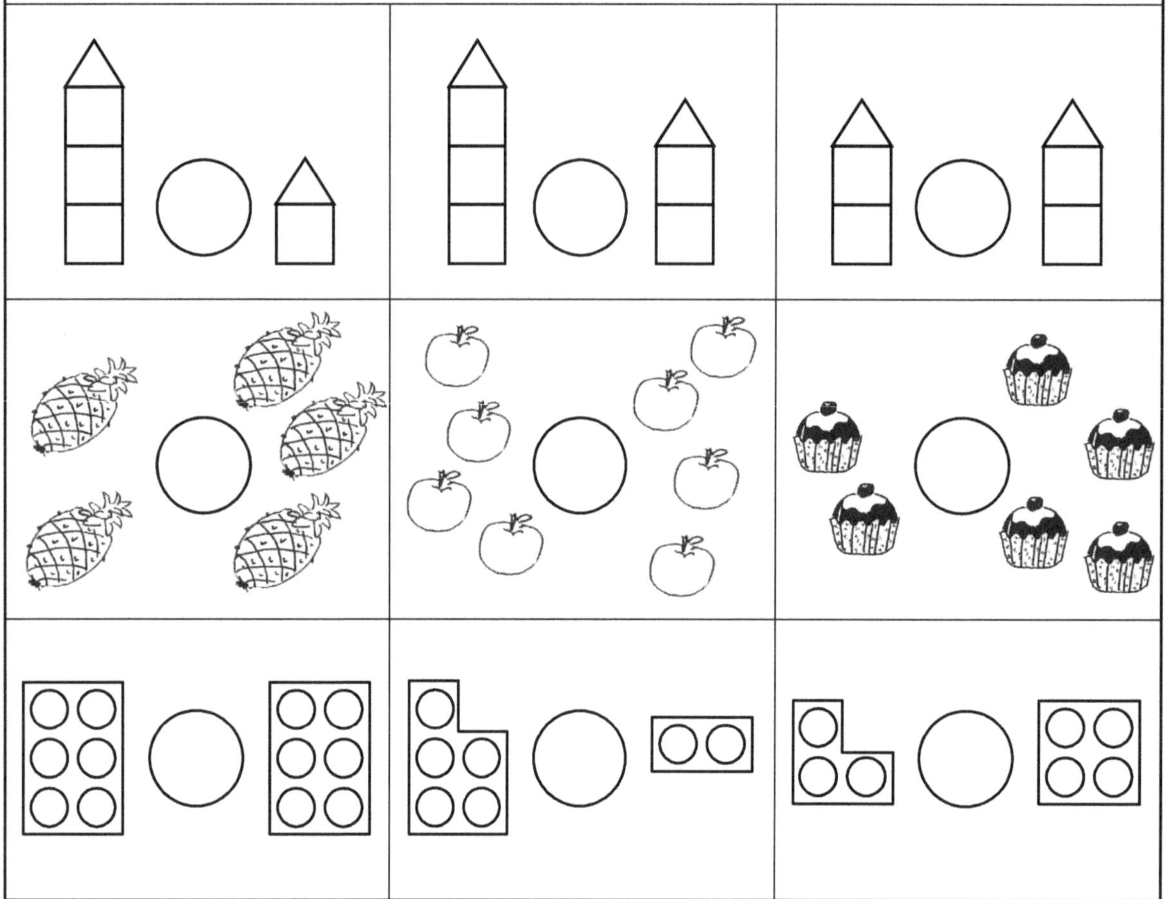

+ oder – ?

Kistler/Schneider: Rechnen ohne Stolperstein, Lernstandserhebungen. Illustrationen: Kristina Klotz

Name Datum

ZR 0–3

Wie viele Dinge siehst du?

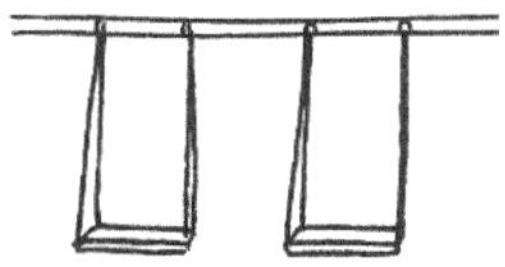

Kreise immer 3 ein.

Zeichne die Plättchen.

3

1

0

2

Name Datum

ZR 0–3

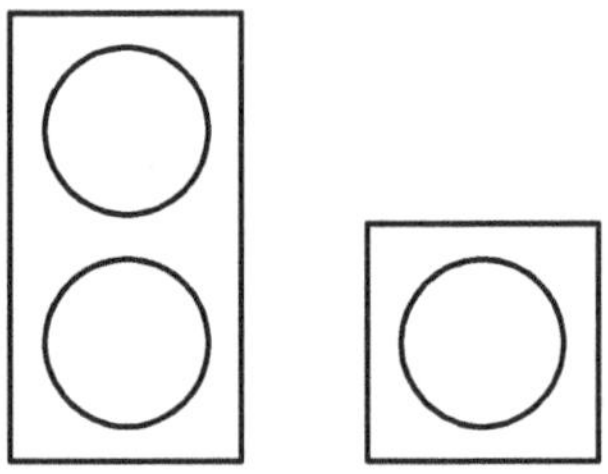

$1 + 1 = \square$

$2 + 1 = \square$ $0 + 1 = \square$

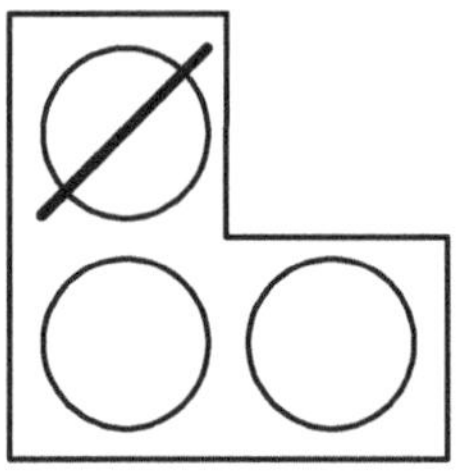

$3 - 0 = \square$

$3 - 1 = \square$ $2 - 1 = \square$

$2 + 0 = \square$ $3 - 3 = \square$

$3 - 2 = \square$ $1 + 2 = \square$

Rechengeschichten

□ ○ □ ○ □ □ ○ □ ○ □

Kistler / Schneider: Rechnen ohne Stolperstein, Lernstandserhebungen. Illustrationen: Kristina Klotz

Name Datum

ZR bis 4

Wie viele Dinge siehst du?

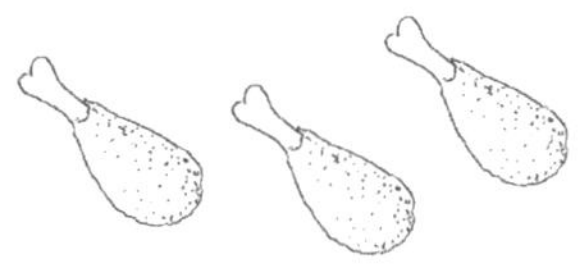

☐

☐

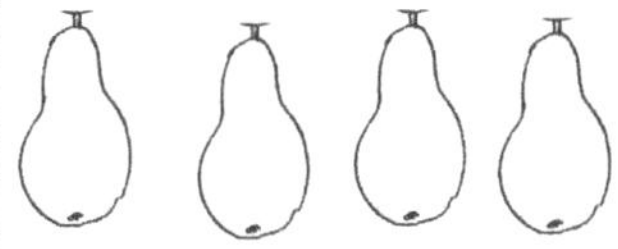

☐

Kreise immer 4 ein!

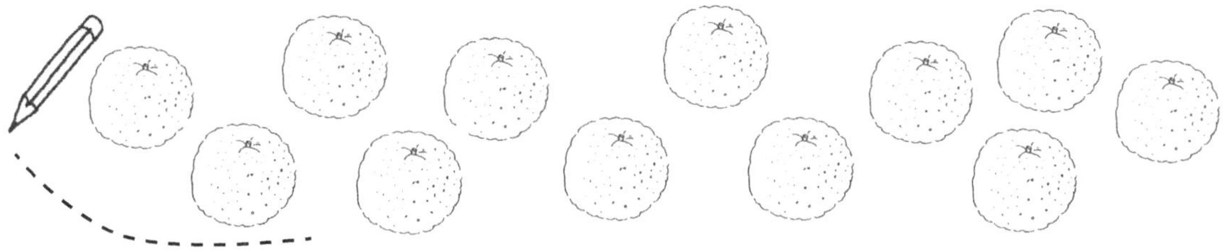

Nachbarn

2		
4		

0		
	2	1

	3	
		0

Setze ein > = <

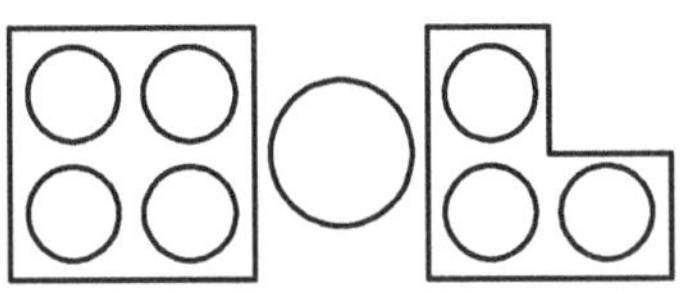

4 ○ 2   4 ○ 4

3 ○ 4   1 ○ 3

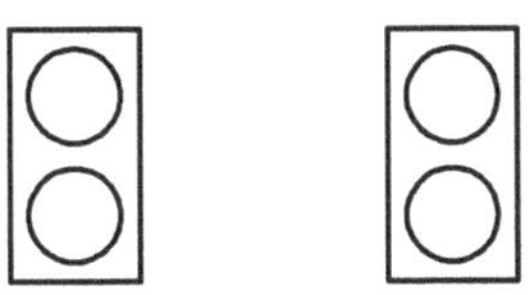

2 + 2 = ☐

3 + 1 = ☐

1 + 2 = ☐

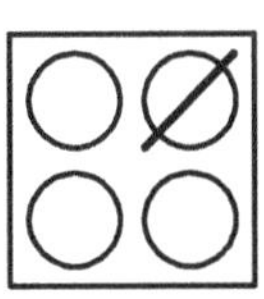

4 − 1 = ☐

4 − 2 = ☐

4 − 3 = ☐

Name Datum

ZR bis 4

$1 + 3 = \square$ $4 - 1 = \square$

$3 - 1 = \square$ $2 + 1 = \square$

$0 + 4 = \square$ $4 - 0 = \square$

$4 = 1 + \square$

$3 = 2 + \square$

$4 = 2 + \square$ $4 = 3 + \square$

$4 = 3 + \square$ $1 + \square = 4$

$1 + \square = 2$ $3 + 1 = \square$

$4 - 3 = \square$ $4 = 0 + \square$

$\square \bigcirc \square \bigcirc \square$

$\square \bigcirc \square \bigcirc \square$

Kistler/Schneider: Rechnen ohne Stolperstein, Lernstandserhebungen. Illustrationen: Kristina Klotz

☺ Name	Datum	ZR bis 5

Wie viele Dinge siehst du?

 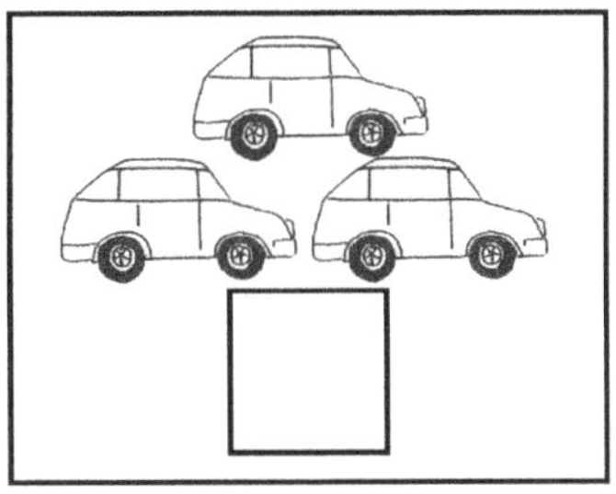 

Kreise immer 5 ein!

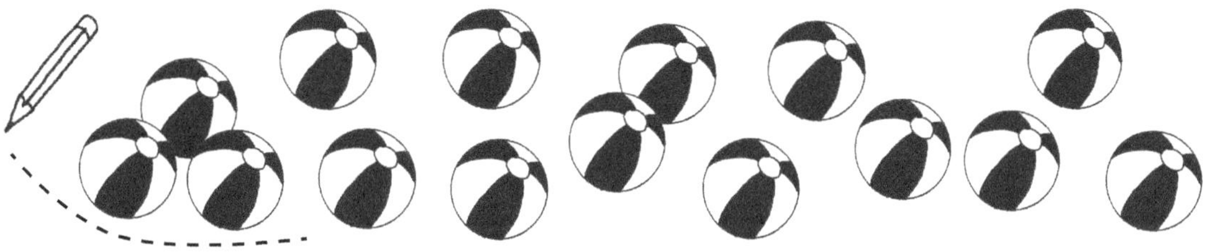

Nachbarn

3		
5		

2		
	3	2

	1	
		1

Setze ein > = <

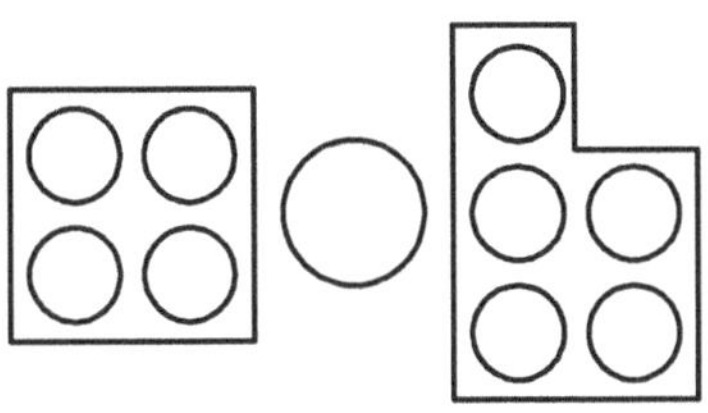

5 ○ 3   4 ○ 5

2 ○ 5   0 ○ 3

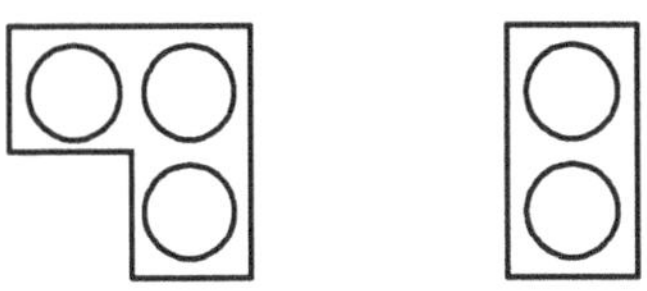

3 + 2 = ☐

4 + 1 = ☐

2 + 3 = ☐

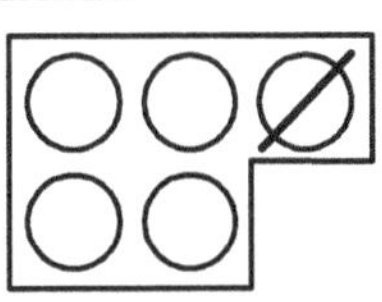

5 − 1 = ☐

5 − 2 = ☐

5 − 5 = ☐

Name Datum

ZR bis 5

$1 + 4 = \square$

$5 + 0 = \square$

$5 - 4 = \square$

$2 + 3 = \square$

$5 - 3 = \square$

$5 - 2 = \square$

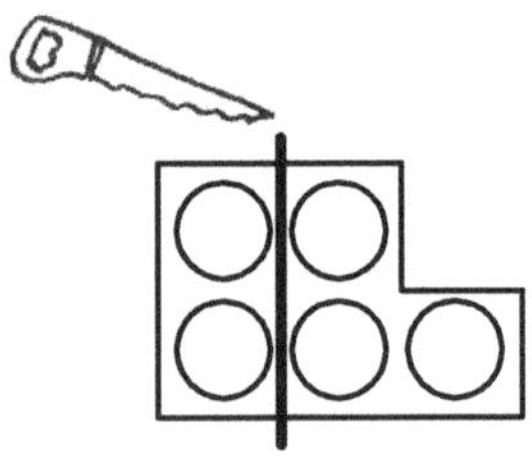

$5 = 1 + \square$

$4 = 2 + \square$

$5 = 2 + \square$

$5 = 4 + \square$

$5 = 3 + \square$

$4 = 3 + \square$

$3 + 2 = \square$

$5 - 2 = \square$

$1 + \square = 4$

$5 = 0 + \square$

$\square \bigcirc \square \bigcirc \square$

$\square \bigcirc \square \bigcirc \square$

Name Datum

ZR bis 6

Wie viele Dinge siehst du?

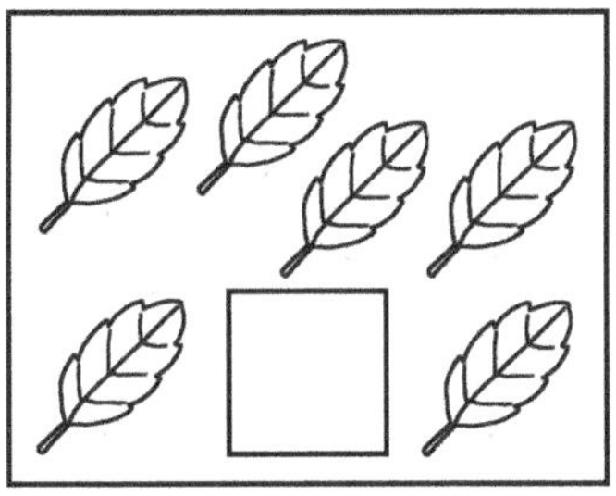

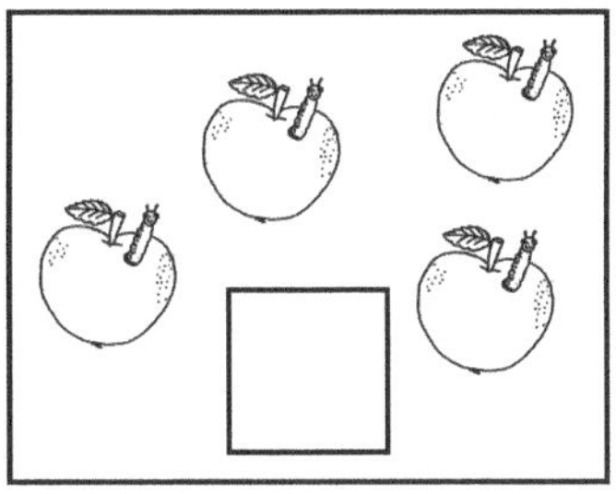

Kreise immer 6 ein!

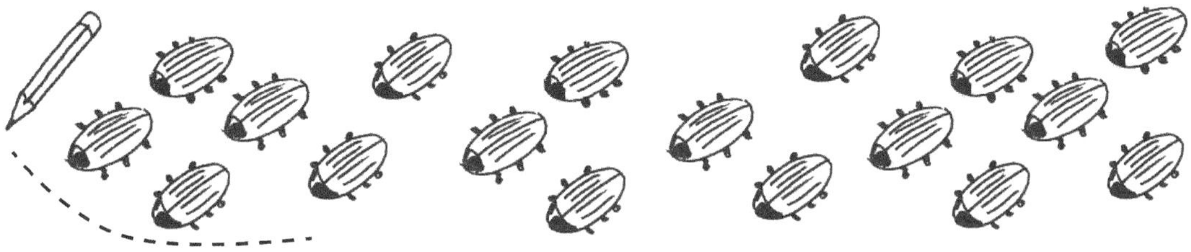

Nachbarn

3		

4		

	5	

6		

	4	3

		4

Setze ein > = <

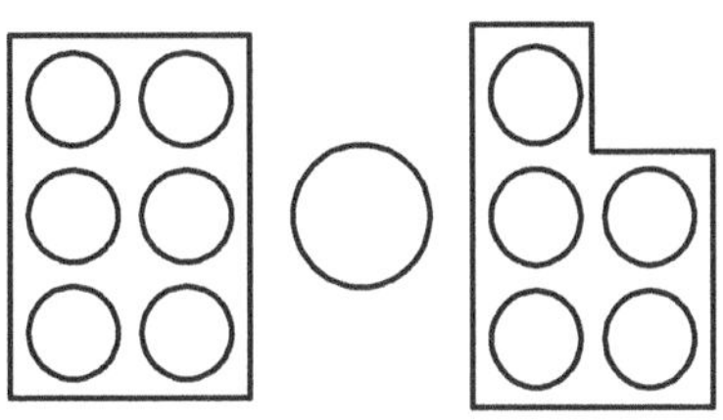

5 ◯ 6
6 ◯ 4
6 ◯ 6

3 ◯ 5
2 ◯ 6
6 ◯ 1

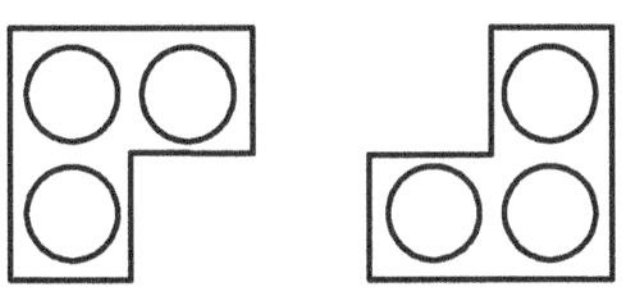

3 + 3 = ☐

6 + 0 = ☐
4 + 2 = ☐
3 + 2 = ☐

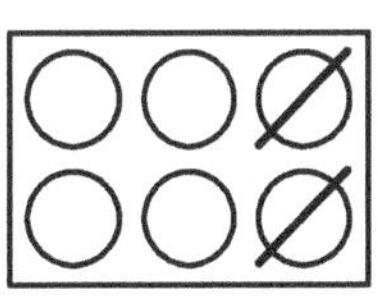

6 − 2 = ☐

6 − 1 = ☐
6 − 3 = ☐
6 − 5 = ☐

Name Datum

ZR bis 6

$5 + 1 = \square$ $6 - 2 = \square$

$6 - 4 = \square$ $3 + 3 = \square$

$6 - 5 = \square$ $6 - 0 = \square$

$2 + 4 = \square$ $1 + 5 = \square$

$6 = 4 + \square$

$5 = 2 + \square$

$6 = 2 + \square$

$4 = 1 + \square$

$6 = 1 + \square$

$6 = 1 + \square$ $6 - 1 = \square$

$2 + 3 = \square$ $4 + \square = 6$

$2 + \square = 6$ $6 = 3 + \square$

$6 - 3 = \square$ $3 + 1 = \square$

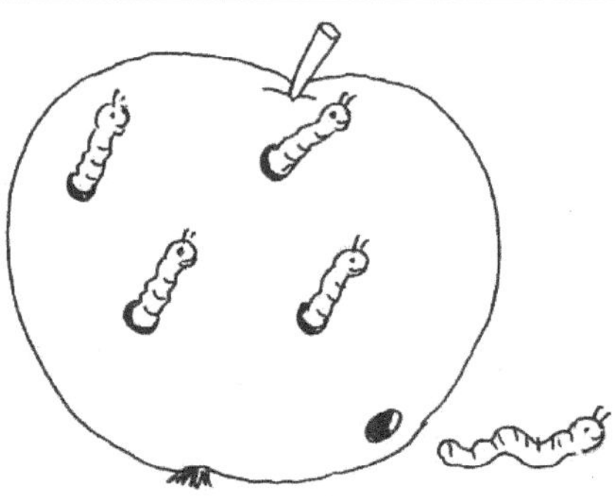

$\square \bigcirc \square \bigcirc \square$

$\square \bigcirc \square \bigcirc \square$

Kistler/Schneider: Rechnen ohne Stolperstein, Lernstandserhebungen. Illustrationen: Kristina Klotz

Name Datum

ZR bis 7

Wie viele Dinge siehst du?

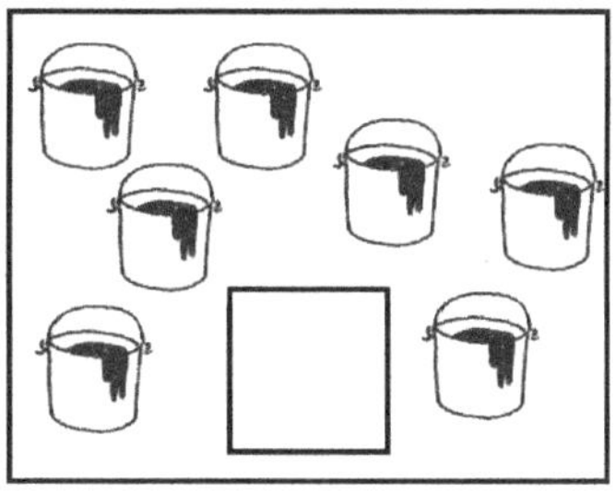

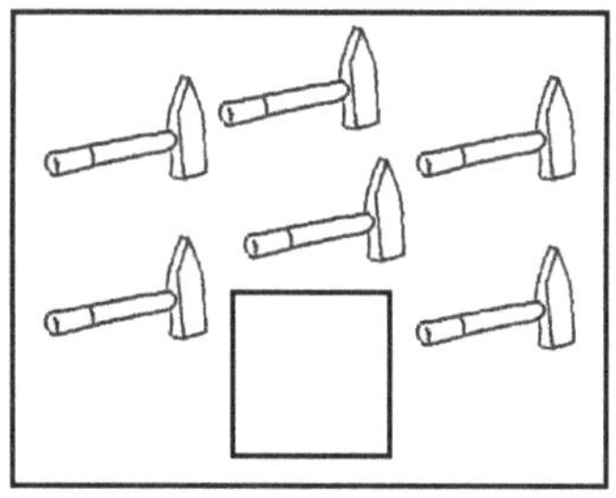

Kreise immer 7 ein!

Nachbarn

5		

	6	

4		

7		

	6	5

		4

Setze ein > = <

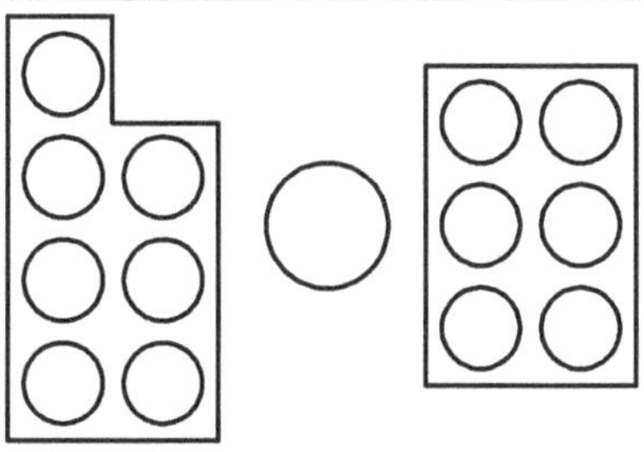

6 ○ 7　　4 ○ 7

7 ○ 5　　3 ○ 5

7 ○ 7　　6 ○ 4

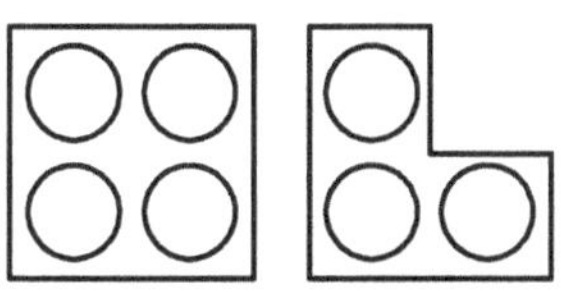

$4 + 3 = \square$

$5 + 2 = \square$　　$1 + 6 = \square$

$4 + 2 = \square$　　$5 + 1 = \square$

$7 + 0 = \square$　　$3 + 4 = \square$

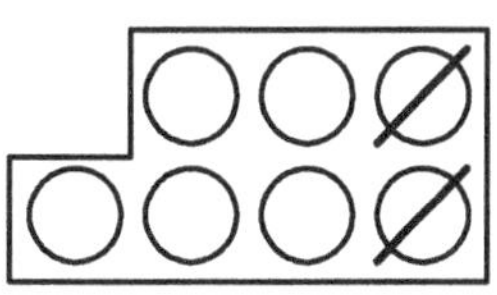

$7 - 2 = \square$

$7 - 3 = \square$　　$7 - 6 = \square$

$6 - 3 = \square$　　$7 - 4 = \square$

$7 - 5 = \square$　　$5 - 3 = \square$

Name ___ Datum

ZR bis 7

$6 + 1 = \square$ $7 - 4 = \square$

$7 - 5 = \square$ $2 + 5 = \square$

$6 - 4 = \square$ $5 - 0 = \square$

$3 + 4 = \square$ $1 + 6 = \square$

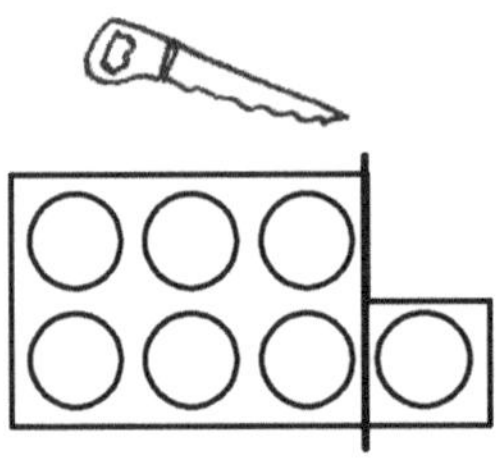

$7 = 4 + \square$ $6 = 2 + \square$

$5 = 2 + \square$ $7 = 1 + \square$

$7 = 6 + \square$ $7 = \square + 2$ $7 = 3 + \square$

$5 = \square + 1$ $7 = 6 + \square$

$1 + \square = 7$ $7 = \square + 1$

$4 + 3 = \square$ $7 - 6 = \square$

$7 = 4 + \square$ $\square + 2 = 7$

$7 - 3 = \square$ $5 + 2 = \square$

Rechengeschichte

Im Haus sind 7 Zwerge.
2 Zwerge gehen zur Arbeit.
Wie viele Zwerge bleiben zu Hause?

Wir rechnen: □ ○ □ ○ □

Wir antworten: ______________________

____

Name Datum

ZR bis 8

Wie viele Dinge siehst du?

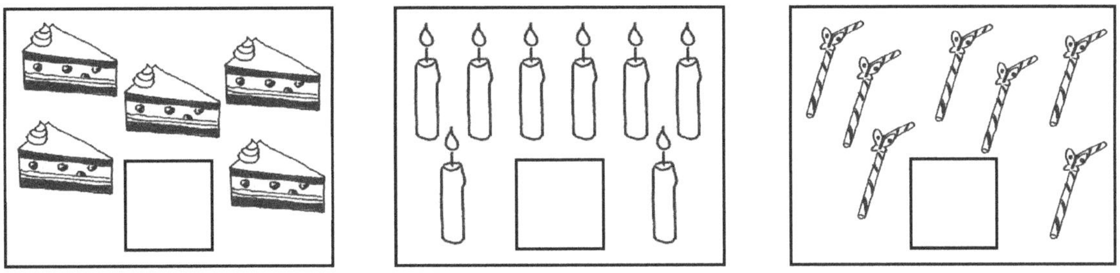

Kreise immer 8 ein!

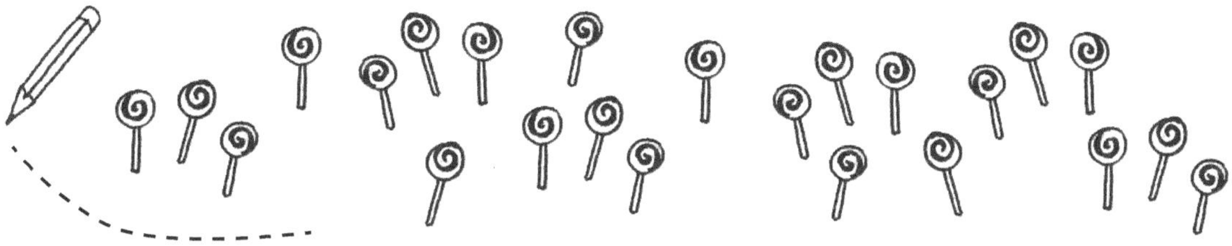

Nachbarn

6		
8		

	7	
	7	6

5		
		5

Setze ein > = <

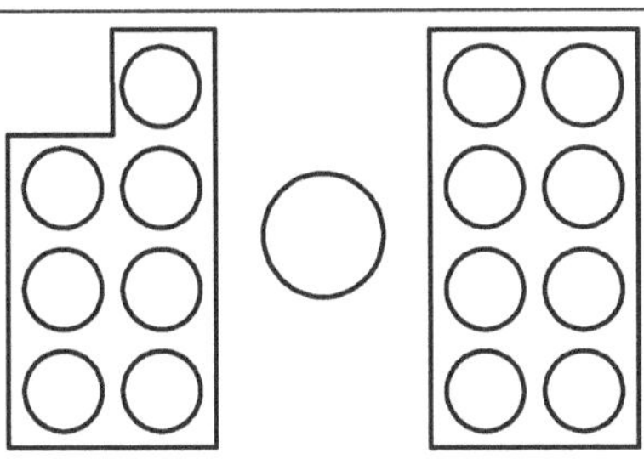

6 ◯ 8　　8 ◯ 5

7 ◯ 8　　8 ◯ 8

8 ◯ 7　　6 ◯ 7

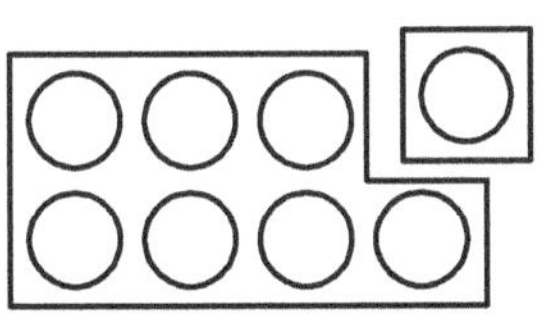

$7 + 1 = \square$

$6 + 2 = \square$　　$1 + 6 = \square$

$5 + 1 = \square$　　$2 + 6 = \square$

$4 + 3 = \square$　　$3 + 5 = \square$

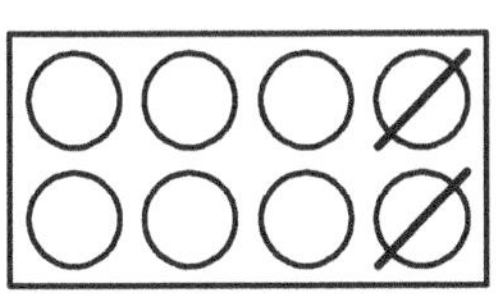

$8 - 2 = \square$

$8 - 5 = \square$　　$8 - 4 = \square$

$8 - 1 = \square$　　$7 - 5 = \square$

$7 - 6 = \square$　　$8 - 0 = \square$

Name Datum

ZR bis 8

$8 - 3 = \square$ $7 - 4 = \square$

$5 + 3 = \square$ $5 + 2 = \square$

$4 + 4 = \square$ $8 - 6 = \square$

$8 - 7 = \square$ $1 + 7 = \square$

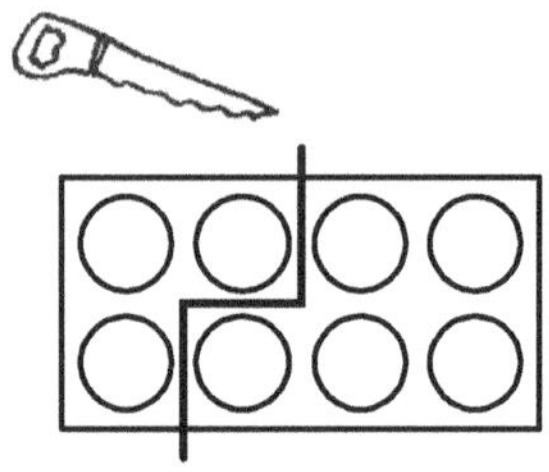

$8 = 2 + \square$ $8 = \square + 4$

$8 = \square + 3$ $8 = 5 + \square$

$8 = 3 + \square$ $8 = 1 + \square$ $8 = 6 + \square$

$7 = 3 + \square$ $4 = 0 + \square$

$8 = 7 + \square$ $\square + 7 = 8$

$6 + 2 = \square$ $8 - 2 = \square$

$2 + \square = 8$ $3 + 5 = \square$

$8 - 5 = \square$ $8 = \square + 5$

Rechengeschichte

Anna bekommt von ihren Gästen 5 Geschenke.
Ihre Brüder geben ihr noch 3 Geschenke.
Wie viele Geschenke bekommt Anna?

Wir rechnen: □ ○ □ ○ □

Wir antworten: ______________________________

____

Kistler / Schneider: Rechnen ohne Stolperstein, Lernstandserhebungen. Illustrationen: Kristina Klotz

Name Datum

ZR bis 8

Tauschaufgaben

2 + 6 = □	□ ○ □ ○ □
3 + 5 = □	□ ○ □ ○ □
2 + 4 = □	□ ○ □ ○ □
0 + 8 = □	□ ○ □ ○ □

Verdoppeln

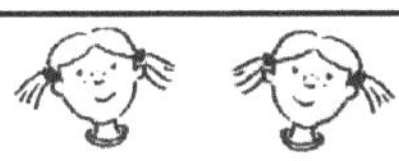

1 + 1 = □

4 + □ = □

3 + □ = □

2 + □ = □

Halbieren

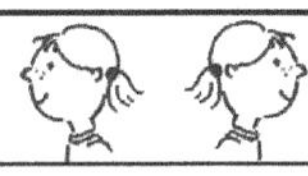

2 = 1 + □

6 = □ + □

8 = □ + □

4 = □ + □

Sachaufgabe

Annas Mama kauft zum Geburtstag Muffins.
Sie nimmt 5 Schoko-Muffins und 3 Blaubeer-Muffins.
Wie viele Muffins kauft sie?

Wir rechnen: □ ○ □ ○ □

Wir antworten: ________________________________

____

Sachaufgabe

Zum Geburtstag besorgt Anna 8 Tüten mit Gummi-Bärchen.
Leider machen ihre Brüder 2 Tüten auf.
Wie viele sind noch ganz?

Wir rechnen: □ ○ □ ○ □

Wir antworten: ________________________________

____

Name Datum

ZR bis 9

Wie viele Dinge siehst du?

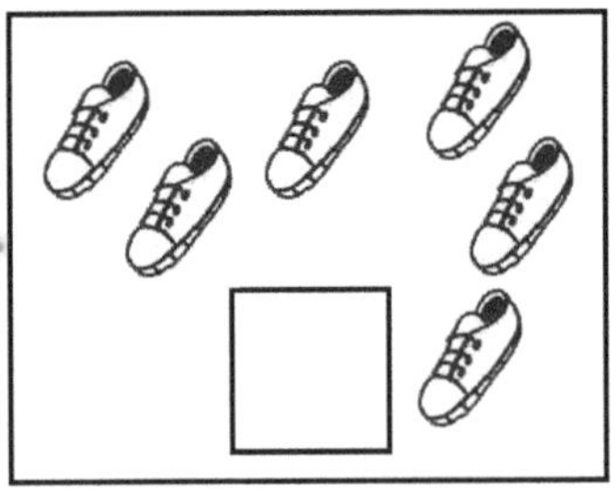

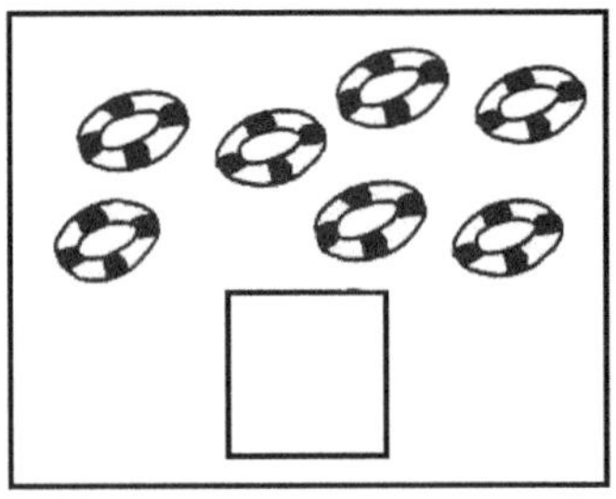

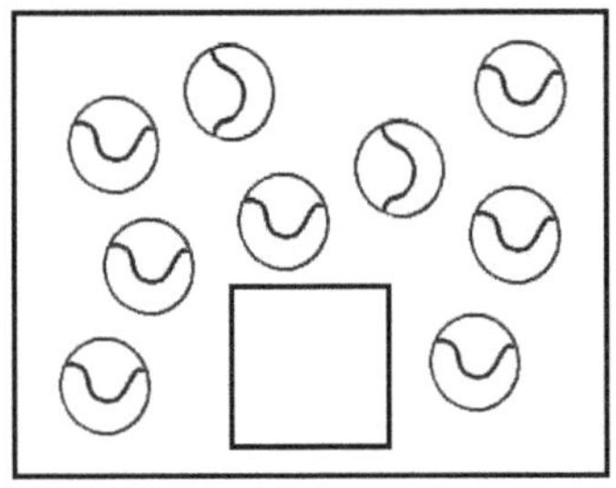

Kreise immer 9 ein!

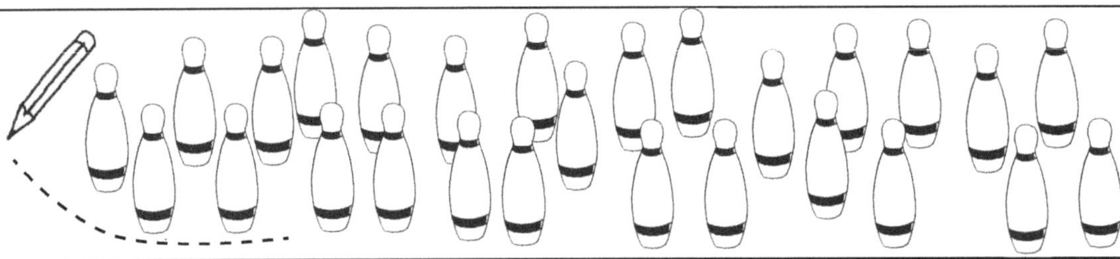

Nachbarn

7		

	8	

6		

9		

	8	7

		6

Setze ein > = <

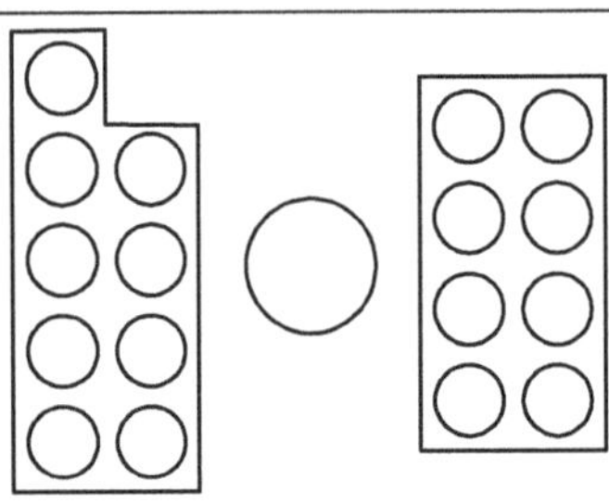

9 ◯ 8 | 9 ◯ 5
7 ◯ 9 | 9 ◯ 9
8 ◯ 6 | 8 ◯ 7

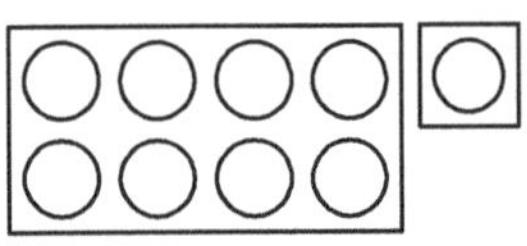

8 + 1 = ☐

7 + 2 = ☐ 4 + 5 = ☐
3 + 6 = ☐ 6 + 3 = ☐
6 + 2 = ☐ 0 + 9 = ☐

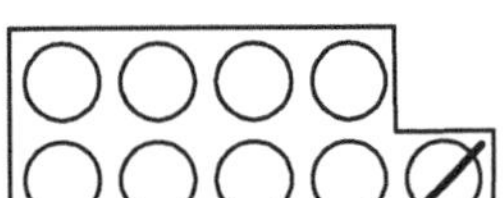

9 − 1 = ☐

9 − 4 = ☐ 8 − 4 = ☐
9 − 2 = ☐ 9 − 6 = ☐
9 − 7 = ☐ 9 − 0 = ☐

Kistler/Schneider: Rechnen ohne Stolperstein, Lernstandserhebungen. Illustrationen: Kristina Klotz

Name Datum

ZR bis 9

$9 - 3 = \square$ $1 + 8 = \square$

$5 + 4 = \square$ $9 - 8 = \square$

$9 - 5 = \square$ $7 - 5 = \square$

$2 + 7 = \square$ $1 + 7 = \square$

$9 = 2 + \square$ $9 = \square + 6$

$9 = 4 + \square$ $7 = 2 + \square$

$8 = \square + 2$ $9 = 0 + \square$

$9 = 1 + \square$ $9 = 3 + \square$

$9 = 6 + \square$ $\square + 3 = 9$

$3 + 6 = \square$ $9 - 6 = \square$

$4 + \square = 9$ $4 + 5 = \square$

$9 - 4 = \square$ $9 = \square + 5$

Sachaufgabe

9 Kinder spielen Fußball.
2 Kinder müssen nach Hause.
Wie viele Kinder spielen noch?

Wir rechnen: $\square \bigcirc \square \bigcirc \square$

Wir antworten: ______________________________

____

Name ____________________ Datum

ZR bis 9

Tauschaufgaben

7 + 2 = ☐ | ☐ ○ ☐ ○ ☐

4 + 5 = ☐ | ☐ ○ ☐ ○ ☐

2 + 6 = ☐ | ☐ ○ ☐ ○ ☐

3 + 6 = ☐ | ☐ ○ ☐ ○ ☐

Umkehraufgaben

9 − 2 = ☐ | ☐ ○ ☐ ○ ☐

9 − 6 = ☐ | ☐ ○ ☐ ○ ☐

9 − 5 = ☐ | ☐ ○ ☐ ○ ☐

8 − 4 = ☐ | ☐ ○ ☐ ○ ☐

Sachaufgabe

Leni trifft 8 mal ins Tor.
1 mal schießt sie daneben.
Wie oft hat sie aufs Tor geschossen?

Wir rechnen: ☐ ○ ☐ ○ ☐

Wir antworten: ____________________

____

Sachaufgabe

Lukas schießt 9 mal aufs Tor.
1 Schuss geht daneben.
Wie oft trifft Lukas?

Wir rechnen: ☐ ○ ☐ ○ ☐

Wir antworten: ____________________

____

Name Datum

ZR bis 10

Wie viele Dinge siehst du?

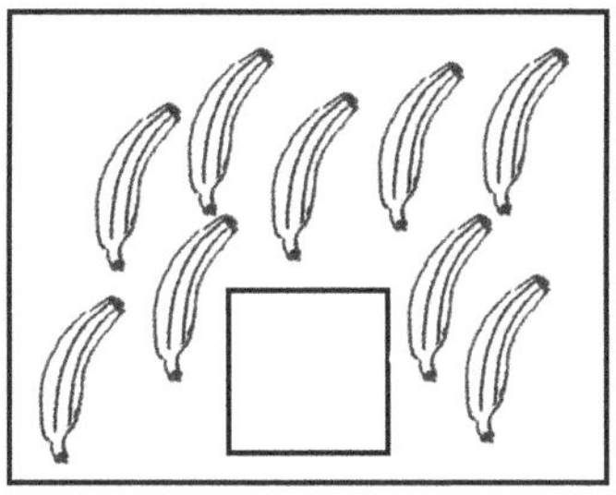 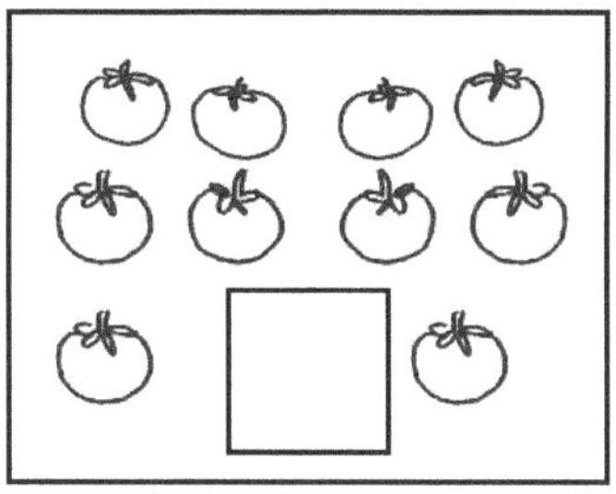 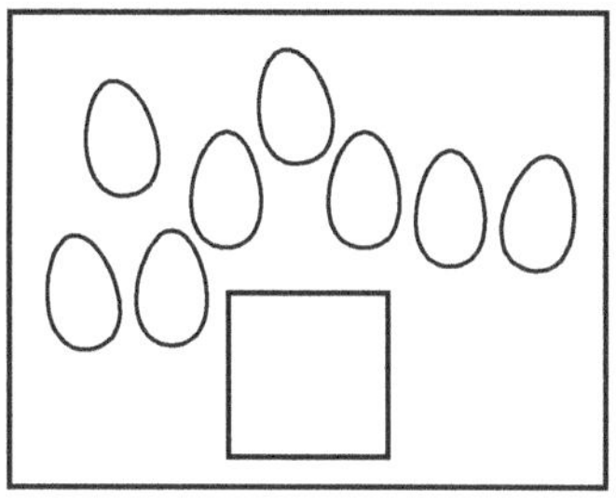

Kreise immer 10 ein!

Nachbarn

7		

	9	

8		

10		

	9	8

		7

Setze ein > = <

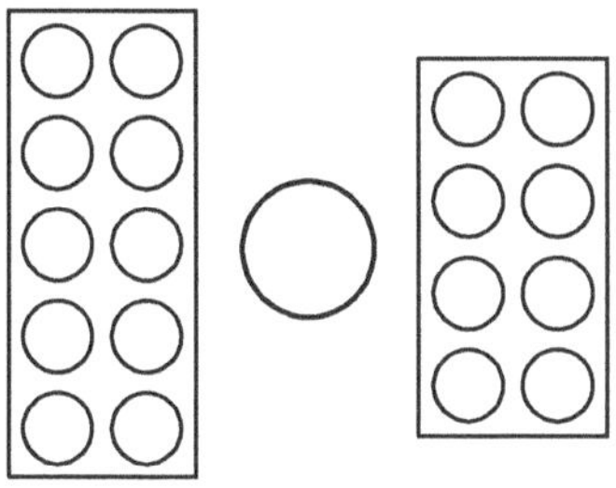

10 ◯ 9 | 8 ◯ 10

9 ◯ 10 | 8 ◯ 6

10 ◯ 10 | 7 ◯ 5

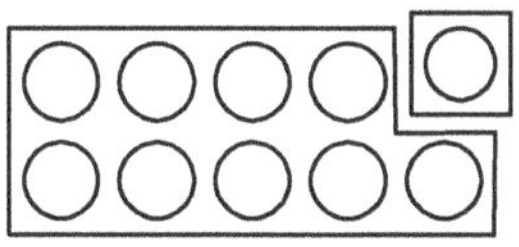

9 + 1 = ☐

8 + 2 = ☐ 5 + 5 = ☐

4 + 6 = ☐ 9 + 0 = ☐

7 + 2 = ☐ 5 + 4 = ☐

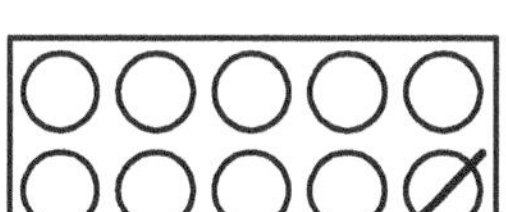

10 − 1 = ☐

10 − 6 = ☐ 10 − 7 = ☐

9 − 3 = ☐ 10 − 5 = ☐

10 − 0 = ☐ 10 − 8 = ☐

Name Datum

ZR bis 10

$9 - 7 = \square$ $6 + 4 = \square$

$3 + 7 = \square$ $10 - 3 = \square$

$10 - 2 = \square$ $10 - 4 = \square$

$1 + 9 = \square$ $5 + 4 = \square$

$10 = 5 + \square$ $10 = \square + \square$

$10 = 2 + \square$ $10 = 1 + \square$

$10 = \square + \square$ $10 = 4 + \square$

$9 = 3 + \square$ $8 = 2 + \square$

$10 = 3 + \square$ $\square + 3 = 10$

$2 + 8 + \square$ $10 - 8 = \square$

$5 + \square = 10$ $4 + 6 = \square$

$10 - 7 = \square$ $10 = \square + 6$

Sachaufgabe

Am Samstag legen die Hühner 4 Eier.
Am Sonntag legen sie 6 Eier.
Wie viele Eier legen sie am Wochenende?

Wir rechnen: □ ○ □ ○ □

Wir antworten: ____________________

____

Kistler/Schneider: Rechnen ohne Stolperstein, Lernstandserhebungen. Illustrationen: Kristina Klotz

Name ______________________ Datum

ZR bis 10

Tauschaufgaben

$2 + 8 = \square$ □ ○ □ ○ □

$9 + 1 = \square$ □ ○ □ ○ □

$4 + 6 = \square$ □ ○ □ ○ □

$7 + 2 = \square$ □ ○ □ ○ □

Verdoppeln

$3 + 3 = \square$

$5 + \square = \square$

$4 + \square = \square$

$0 + \square = \square$

Halbieren

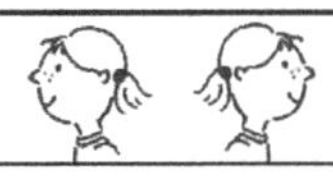

$6 = 3 + \square$

$4 = \square + \square$

$8 = \square + \square$

$10 = \square + \square$

Umkehraufgaben

$10 - 4 = \square$ □ ○ □ ○ □

$10 - 8 = \square$ □ ○ □ ○ □

$9 - 5 = \square$ □ ○ □ ○ □

$10 - 7 = \square$ □ ○ □ ○ □

Sachaufgabe

Die Bäuerin erntet 10 Möhren.
5 davon füttert sie den Pferden.
Wie viele bleiben für den Salat?

Wir rechnen: □ ○ □ ○ □

Wir antworten: ______________________

____

Name Datum

ZR bis 20
Orientierung

Kreise immer 10 Eier rot ein. Schreibe auf!

rote Zehner	blaue Einer

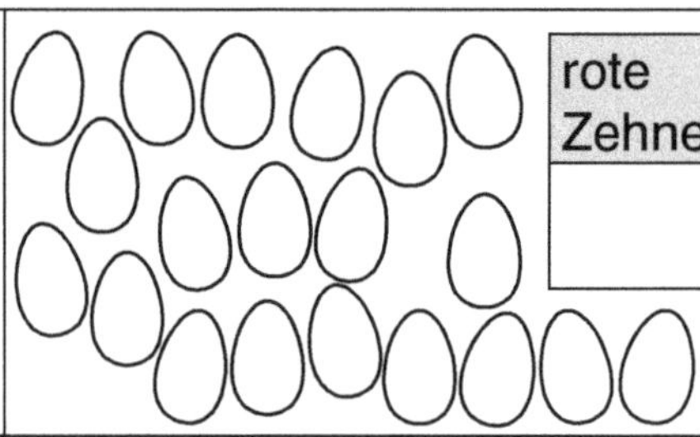

rote Zehner	blaue Einer

Schreibe die Zahlen dazu!

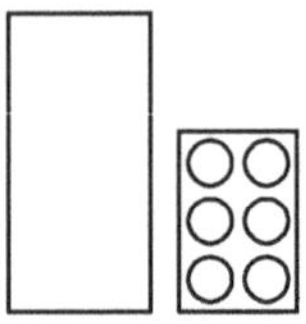

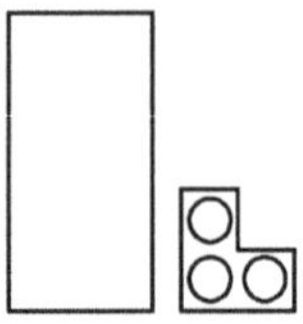

Male selbst!

11 17

Schreibe die Zahlen!

siebzehn		elf		neun	
zwölf		zwanzig		achtzehn	

Welche Zahlen fehlen in der Reihe?

10			13					18		
20						14				10

Nachbarn

17		
	12	
	20	
19		
	11	
	18	

Setze ein > = <

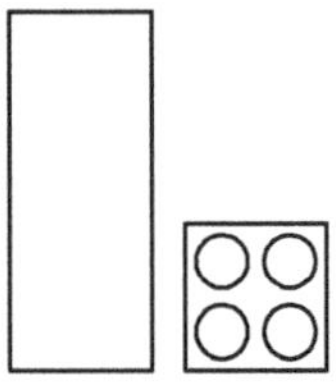

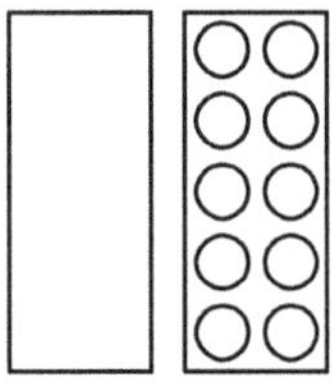

19 ○ 20 9 ○ 11

18 ○ 16 20 ○ 10

13 ○ 13 12 ○ 20

Name Datum

ZR bis 20
ZE ⊕ E

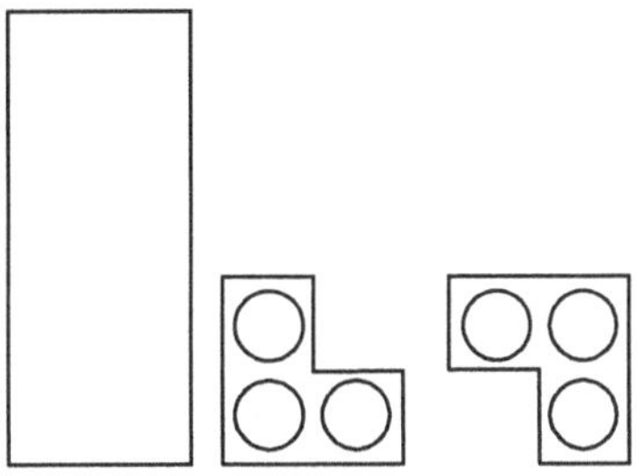

13 + 3 = ☐
☐ + ☐ = ☐

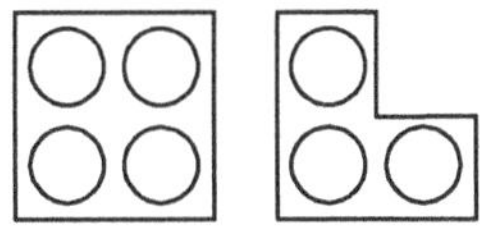

4 + 3 = ☐
☐ + ☐ = ☐

2 + 6 = ☐
☐ + ☐ = ☐

☐ + ☐ = ☐
16 + 3 = ☐

7 + 3 = ☐
☐ + ☐ = ☐

☐ + ☐ = ☐
15 + 5 = ☐

13 + 5 = ☐
10 + 10 = ☐
14 + 6 = ☐
3 + 7 = ☐
15 + 3 = ☐

11 + 9 = ☐
12 + 8 = ☐
12 + 7 = ☐
6 + 2 = ☐
10 + 7 = ☐

Für Spürnasen 

11 + 7 = ☐
15 + 3 = ☐
10 + 8 = ☐
☐ + ☐ = ☐

11 + 5 = ☐
12 + 4 = ☐
13 + 3 = ☐
☐ + ☐ = ☐

Name Datum

ZR bis 20
ZE ⊖ E

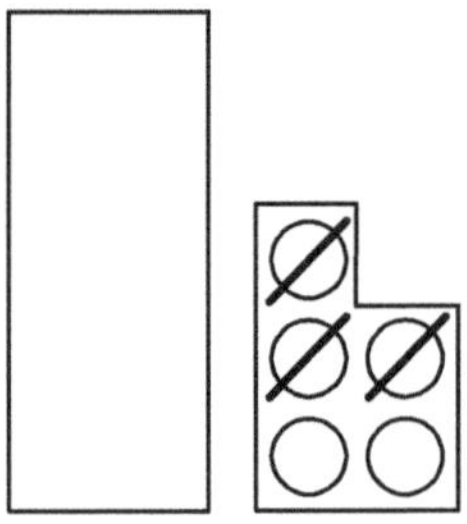

15 − 3 = □□

□ − □ = □

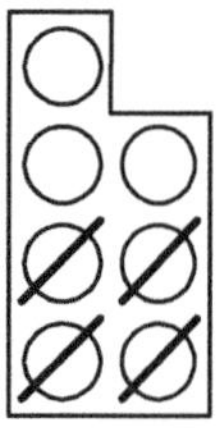

7 − 4 = □□

□□ − □ = □□

8 − 4 = □

□□ − □ = □□

10 − 5 = □□

□□ − □ = □□

□ − □ = □

14 − 3 = □□

10 − 6 = □□

□□ − □ = □□

13 − 2 = □□

20 − 4 = □□

19 − 1 = □□

19 − 6 = □□

18 − 3 = □□

20 − 8 = □□

7 − 5 = □□

10 − 6 = □□

17 − 5 = □□

16 − 4 = □□

Für Spürnasen

17 − 6 = □□

20 − 9 = □□

12 − 1 = □□

□□ − □ = □□

13 − 1 = □□

14 − 2 = □□

15 − 3 = □□

□□ − □ = □□

Kistler/Schneider: Rechnen ohne Stolperstein, Lernstandserhebungen. Illustrationen: Kristina Klotz

Name Datum

ZR bis 20
ZE ± E

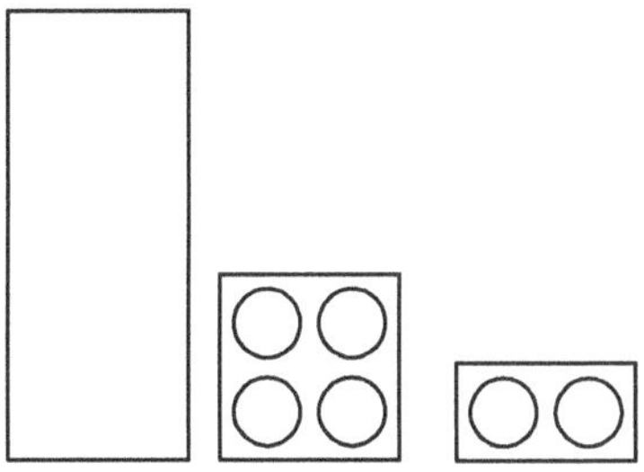

$14 + 2 = \square$

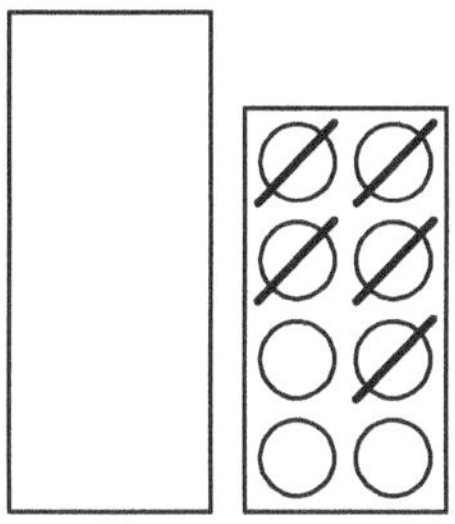

$18 - 5 = \square$

$20 - 4 = \square$	$16 - 4 = \square$
$18 + 2 = \square$	$13 + 6 = \square$
$19 - 6 = \square$	$17 - 3 = \square$
$11 + 9 = \square$	$14 + 4 = \square$
$12 - 2 = \square$	$20 - 7 = \square$
$15 + 4 = \square$	$12 + 7 = \square$

Sachaufgabe

Johanna sammelt die Rechenhefte ein.
Im Regal liegen schon 11 Hefte.
Sie legt noch 3 dazu.
Wie viele Rechenhefte liegen im Regal?

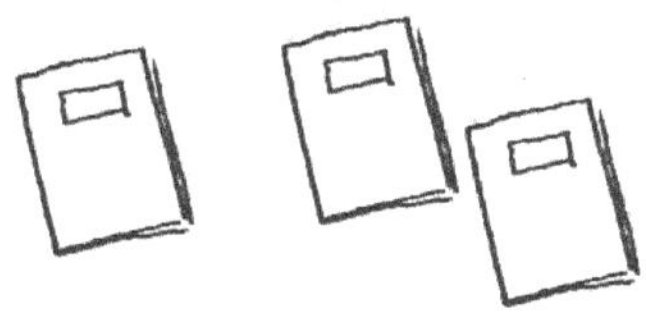

Wir rechnen: ☐ ○ ☐ ○ ☐

Wir antworten: ______________________

____

Sachaufgabe

14 Hefte liegen auf dem Tisch der Lehrerin.
Sie teilt 2 Hefte aus.
Wie viele liegen noch auf ihrem Tisch?

Wir rechnen: ☐ ○ ☐ ○ ☐

Wir antworten: ______________________

____

Name _______________________________ Datum

ZR bis 20
ZE/E

Zerlegen

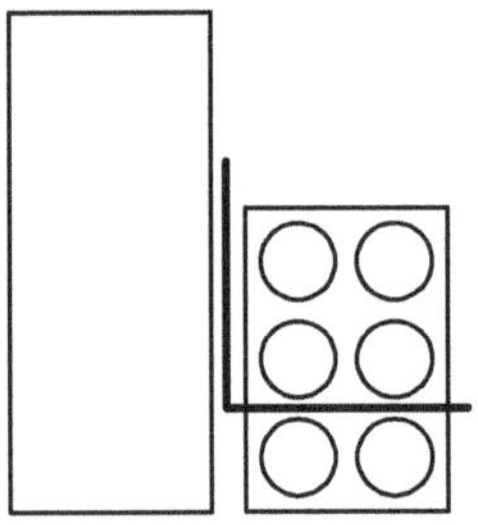

16 = 12 + ☐

17 = 14 + ☐

20 = 11 + ☐

16 = 12 + ☐

19 = 13 + ☐

20 = 10 + ☐

17 + 2 = ☐

11 + ☐ = 20

19 − 7 = ☐

12 = ☐ + 1

18 = 14 + ☐

☐ + 3 = 16

14 + 6 = ☐

17 + ☐ = ☐

20 − 2 = ☐

Achte auf Zehner und Einer!

18 − 12 = ☐

18 − 2 = ☐

17 − 6 = ☐

20 − 10 = ☐

19 − 17 = ☐

8 − 6 = ☐

14 − 12 = ☐

16 − 13 = ☐

20 − 3 = ☐

13 − 11 = ☐

Umkehraufgaben

17 − 5 = ☐

20 − 14 = ☐

9 − 8 = ☐

14 − 3 = ☐

18 − 11 = ☐

☐ ○ ☐ ○ ☐

☐ ○ ☐ ○ ☐

☐ ○ ☐ ○ ☐

☐ ○ ☐ ○ ☐

☐ ○ ☐ ○ ☐

Name Datum

ZR bis 20
ZÜ ⊕

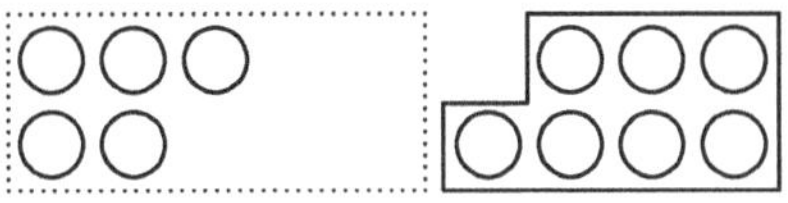

5 + 7 = □ + □ + □ = □□	8 + 3 = □ + □ + □ = □□
2 + 9 = □ + □ + □ = □□	3 + 8 = □ + □ + □ = □□
6 + 8 = □ + □ + □ = □□	7 + 5 = □ + □ + □ = □□
4 + 9 = □ + □ + □ = □□	9 + 8 = □ + □ + □ = □□
9 + 2 = □ + □ + □ = □□	7 + 4 = □ + □ + □ = □□
9 + 3 = □ + □ + □ = □□	8 + 5 = □ + □ + □ = □□

Luzia hat 9 Glitzer-Stifte. Ihre Nachbarin hat 4 Glitzer-Stifte.
Mit wie vielen Stiften können die beiden malen?

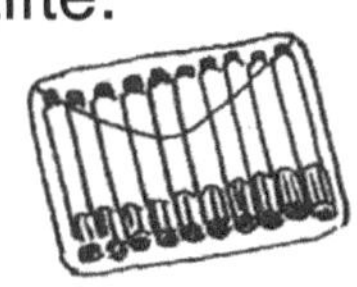

Wir rechnen: □□ ○ □□ ○ □□

Wir antworten: ______________________

____

Celia hat 8 Wachsmalkreiden.
Beim Aufräumen findet sie noch 3 Malkreiden.
Wie viele Malkreiden hat sie jetzt wieder?

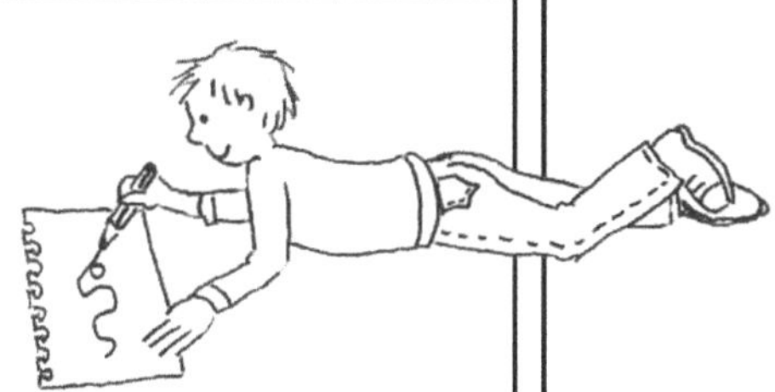

Wir rechnen: □□ ○ □□ ○ □□

Wir antworten: ______________________

____

Name ______________________ Datum

ZR bis 20
ZÜ ⊖

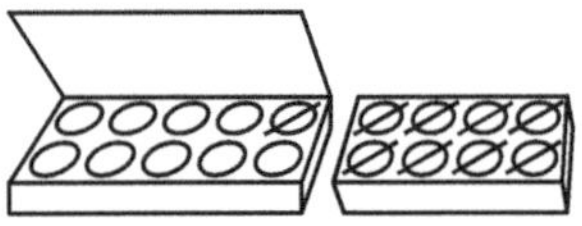	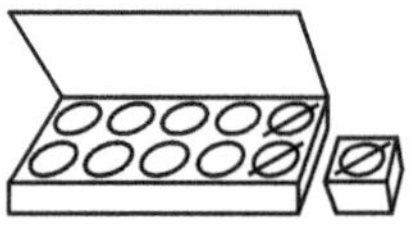
18 − 9 =	11 − 3 =
☐☐ − ☐ − ☐ = ☐☐	☐☐ − ☐ − ☐ = ☐☐
12 − 8 =	14 − 7 =
☐☐ − ☐ − ☐ = ☐☐	☐☐ − ☐ − ☐ = ☐☐
12 − 6 =	13 − 7 =
☐☐ − ☐ − ☐ = ☐☐	☐☐ − ☐ − ☐ = ☐☐
14 − 8 =	16 − 8 =
☐☐ − ☐ − ☐ = ☐☐	☐☐ − ☐ − ☐ = ☐☐
17 − 8 =	13 − 4 =
☐☐ − ☐ − ☐ = ☐☐	☐☐ − ☐ − ☐ = ☐☐
18 − 9 =	15 − 7 =
☐☐ − ☐ − ☐ = ☐☐	☐☐ − ☐ − ☐ = ☐☐

Susanne hat 11 Malkreiden.
Ihre beste Freundin darf sich 2 davon aussuchen.
Wie viele Malkreiden hat Susanne noch?

Wir rechnen: ☐☐ ○ ☐☐ ○ ☐☐

Wir antworten: ______________________________

____

Volker hat von Oma 11 Leuchtstifte bekommen.
In der Schule verliert er 2 davon.
Wie viele Stifte hat er noch?

Wir rechnen: ☐☐ ○ ☐☐ ○ ☐☐

Wir antworten: ______________________________

____

Kistler/Schneider: Rechnen ohne Stolperstein, Lernstandserhebungen. Illustrationen: Kristina Klotz

Name Datum

ZR bis 20
ZÜ

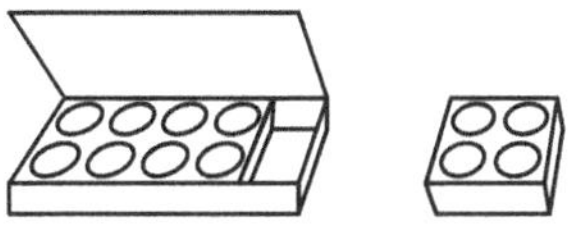	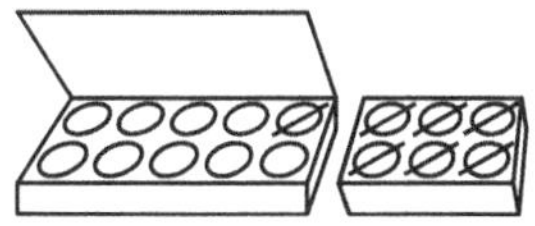
8 + 4 = □ + □ + □ = □□	16 − 7 = □□ − □ − □ = □□
9 + 2 = □□ + □ + □ = □□	13 − 7 = □□ − □ − □ = □□
13 − 4 = □□ − □ − □ = □□	15 − 8 = □□ − □ − □ = □□
9 + 3 = □□ + □ + □ = □□	8 + 7 = □□ + □ + □ = □□
14 − 6 = □□ − □ − □ = □□	16 − 9 = □□ − □ − □ = □□
15 − 7 = □□ − □ − □ = □□	3 + 8 = □□ + □ + □ = □□

In der 2. Klasse sind 8 Kinder.
Nach den Ferien kommen 3 neue Kinder dazu.
Wie viele Kinder sind nun in der Klasse?

Wir rechnen: □□ ○ □□ ○ □□

Wir antworten: ____________________

____

In der 3. Klasse sind 11 Kinder.
In den Faschings-Ferien ziehen 2 Kinder weg.
Wie viele Kinder sind jetzt noch in der Klasse?

Wir rechnen: □□ ○ □□ ○ □□

Wir antworten: ____________________

____

Name Datum

ZR bis 20
ZÜ

Tauschaufgaben

$8 + 2 = \square$ | $\square \bigcirc \square \bigcirc \square$

$3 + 9 = \square$ | $\square \bigcirc \square \bigcirc \square$

$9 + 6 = \square$ | $\square \bigcirc \square \bigcirc \square$

$5 + 8 = \square$ | $\square \bigcirc \square \bigcirc \square$

Verdoppeln

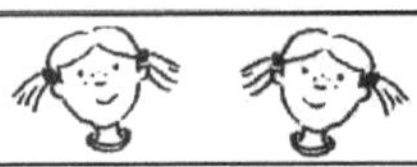

6 ○ □ ○ □

8 ○ □ ○ □

10 ○ □ ○ □

7 ○ □ ○ □

Halbieren

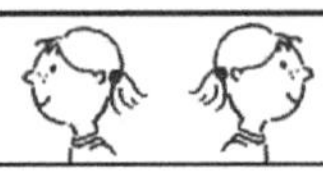

10 ○ □ ○ □

14 ○ □ ○ □

18 ○ □ ○ □

12 ○ □ ○ □

7, 5, 12

□ ⊕ □ ⊜ □ | □ ⊜ □ ⊕ □

□ ⊖ □ ⊜ □ | □ ⊕ □ ⊜ □

7, 15, 8

□ ⊕ □ ⊜ □ | □ ⊜ □ ⊕ □

□ ⊖ □ ⊜ □ | □ ⊕ □ ⊜ □

Die Bäckerin verkauft Brezeln.
Sie hat noch 13 im Korb.
Sie verkauft an Selma und Jan 4 Brezeln.
Wie viele Brezeln hat sie noch?

Wir rechnen: □ ○ □ ○ □

Wir antworten: ______________________________

____

Name Datum

ZR 100
Z

Welche Mengen siehst du?

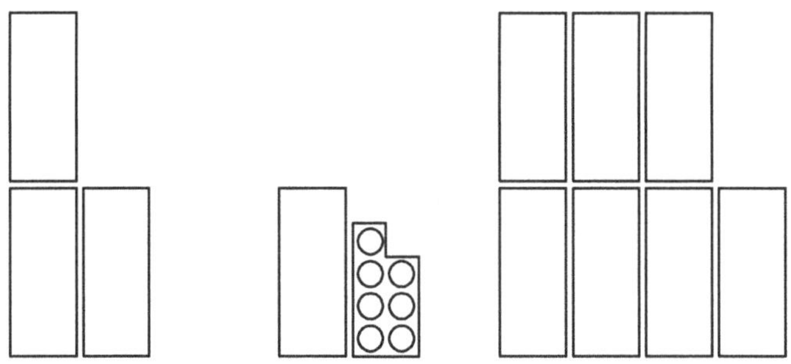

☐☐ ☐☐ ☐☐

Schreibe rot und blau!

vierzig ☐☐

dreizehn ☐☐

dreißig ☐☐

vierzehn ☐☐

fünfzig ☐☐

50 + 50 = ☐☐☐	80 − 40 = ☐☐
70 − 70 = ☐☐	40 + 60 = ☐☐☐
90 − 80 = ☐☐	7 + 6 = ☐☐
100 − 70 = ☐☐	16 − 9 = ☐☐
20 + 30 = ☐☐	70 − 40 = ☐☐

Die Marktfrau hat am Morgen 90 Eier.
Bis Mittag verkauft sie 60 Stück.
Wie viele Eier hat sie noch?

Wir rechnen: ☐☐ ○ ☐☐ ○ ☐☐

Wir antworten: ______________________________

____

Die Marktfrau verkauft auch Blumen. Für ihre Tulpen hat sie 30 Euro bekommen, für die Osterglocken 20 Euro.
Wie viel Geld hat sie verdient?

Wir rechnen: ☐☐ ○ ☐☐ ○ ☐☐

Wir antworten: ______________________________

____

Name Datum

ZR 100
Orientierung

Z	E

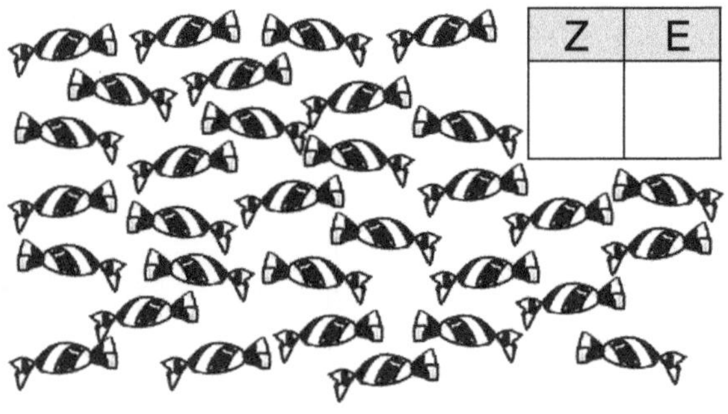

Z	E

Welche Mengen siehst du?

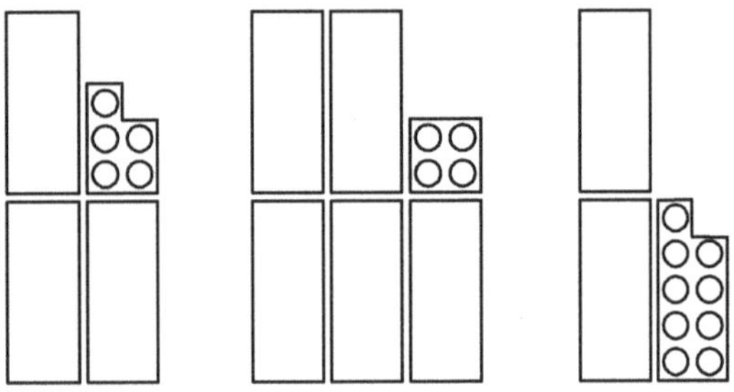

Z	E		Z	E		Z	E

Schreibe grün, rot und blau!

ein-und-siebzig	
neun-und-dreiβig	
acht-und-vierzig	
ein-hundert	
drei-und-neunzig	

Welche Zahlen fehlen in der Reihe?

61		63					68			
90		88				84				

Nachbarn

79	

	60

	50

99	

	89	

	41	

Setze ein > = <

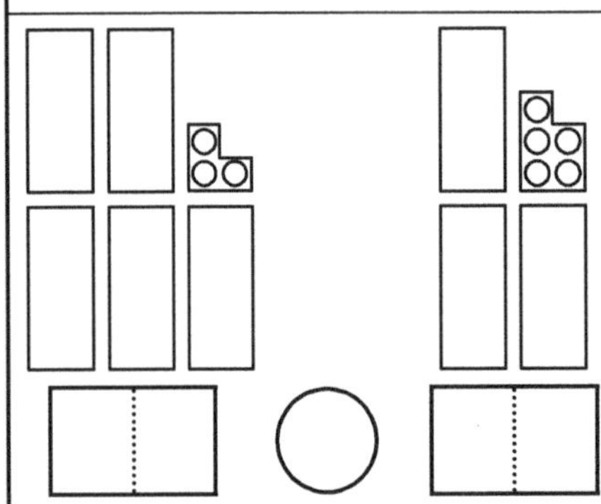

23 ◯ 42 70 ◯ 69
94 ◯ 49 45 ◯ 38
23 ◯ 24 27 ◯ 27

Kistler/Schneider: Rechnen ohne Stolperstein, Lernstandserhebungen. Illustrationen: Kristina Klotz

Name Datum

ZR 100
ZE ± E
o. ZÜ

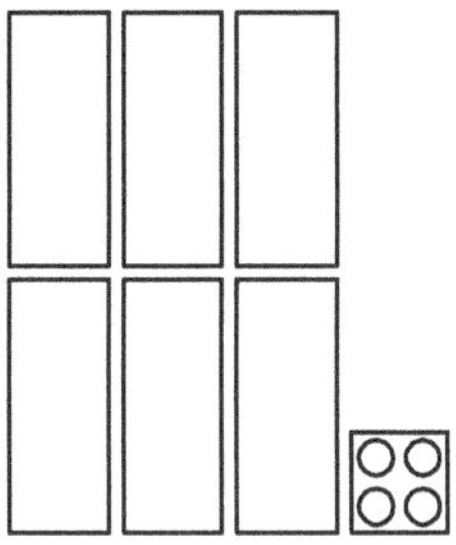

64 + 3 = ☐
☐ + ☐ = ☐

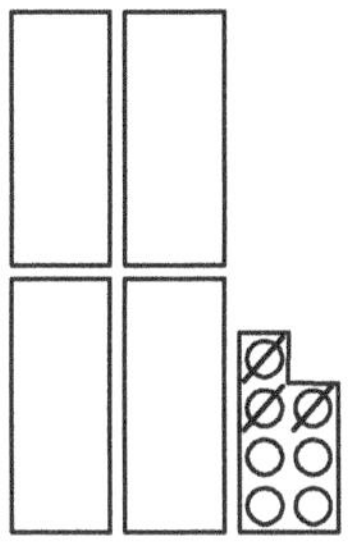

47 − 3 = ☐
☐ − ☐ = ☐

21 + 4 = ☐
78 − 1 = ☐
54 − 2 = ☐
83 + 6 = ☐
49 − 8 = ☐

23 + 2 = ☐
40 + 1 = ☐
65 + 3 = ☐
97 + 1 = ☐
31 + 7 = ☐

27 − 4 = ☐
71 − 1 = ☐
86 − 2 = ☐
55 − 3 = ☐
97 − 4 = ☐

37 − 6 = ☐
54 + 4 = ☐
66 − 4 = ☐
71 + 8 = ☐
79 − 7 = ☐

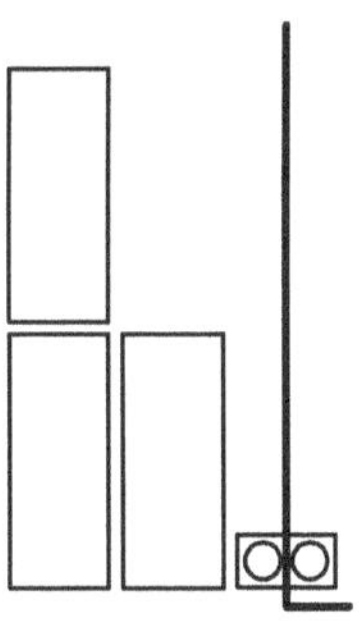

32 = 31 + ☐
☐ = ☐ + ☐

35 = 31 + ☐
26 = ☐ + 22
79 = 76 + ☐
83 = 82 + ☐
97 = 11 + ☐

36 = 33 + ☐
26 + 2 = ☐
47 − 5 = ☐
35 + ☐ = 38
76 + 3 = ☐

Antonia hat 36 Zootiere.
Sie schenkt ihrer besten Freundin 3 Giraffen.
Wie viele Zootiere hat sie noch?

Wir rechnen: ☐ ○ ☐ ○ ☐

Wir antworten: ____________________

____

Name ______________________ Datum

ZR 100
ZE(±)E
o. ZÜ

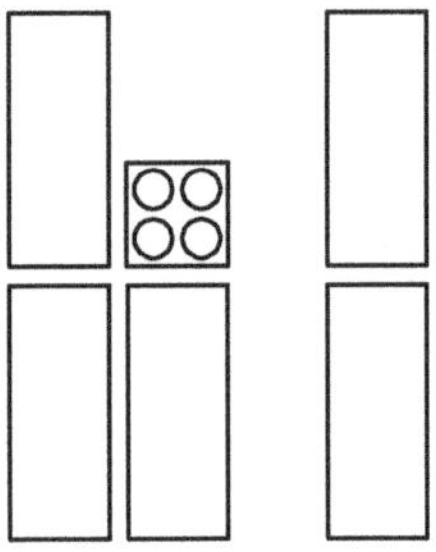

34+20= ☐

☐ + ☐ = ☐

33+10= ☐
43+20= ☐
25+30= ☐
79+20= ☐
57+40= ☐

54−20= ☐
23+60= ☐
31+40= ☐
81−30= ☐
99−80= ☐

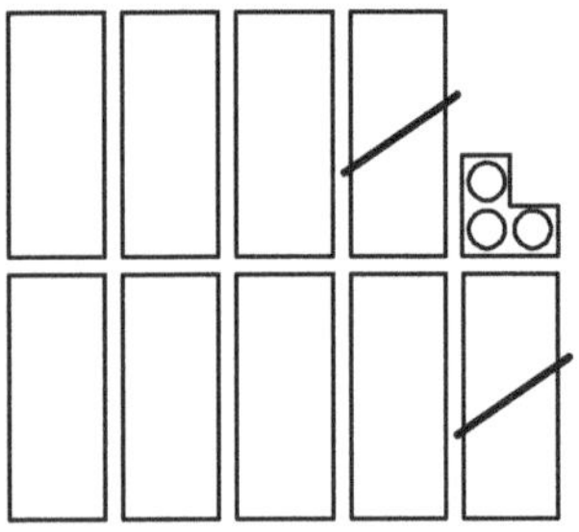

93 − 20= ☐

☐ − ☐ = ☐

67−40= ☐
71−10= ☐
86−20= ☐
43−10= ☐
55−30= ☐

96−30= ☐
58+20= ☐
34+40= ☐
51−50= ☐
48+50= ☐

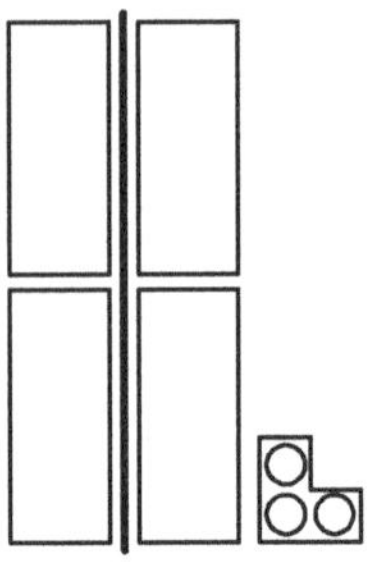

43=23+ ☐

☐ = ☐ + ☐

38=28+ ☐
67=27+ ☐
96=86+ ☐
73= ☐ +53
47= 7+ ☐

74=34+ ☐
97−60= ☐
58+ ☐ =88
26+50= ☐
81= ☐ +41

Am Schwimmfest nehmen aus den ersten Klassen 24 Kinder teil.
Aus den zweiten Klassen kommen 30.
Wie viele Kinder machen mit

Wir rechnen: ☐ ○ ☐ ○ ☐

Wir antworten: ______________________

____

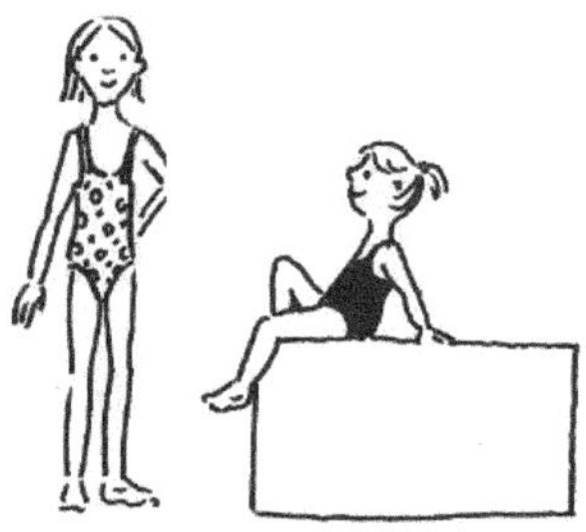

Kistler/Schneider: Rechnen ohne Stolperstein, Lernstandserhebungen. Illustrationen: Kristina Klotz

Name Datum

ZR 100
ZE ± E
o. ZÜ

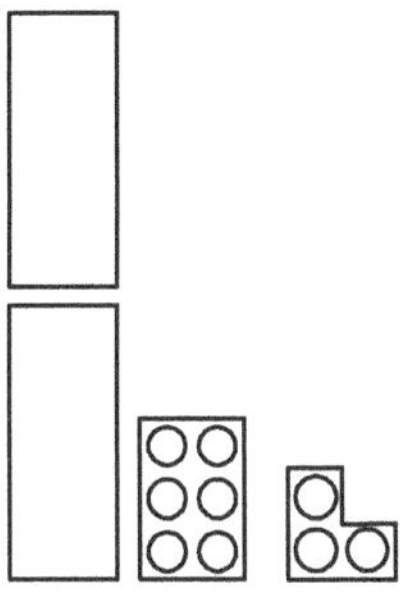

26 + 3 = ☐☐

☐ + ☐ = ☐

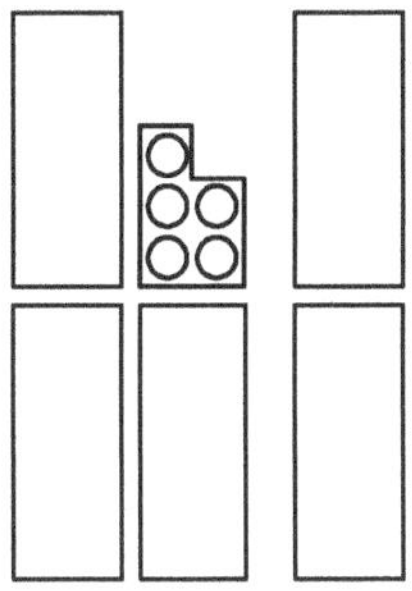

35 + 20 = ☐☐

☐ + ☐ = ☐

88 − 6 = ☐☐

34 + 40 = ☐☐

24 − 2 = ☐☐

92 − 30 = ☐☐

62 + 3 = ☐☐

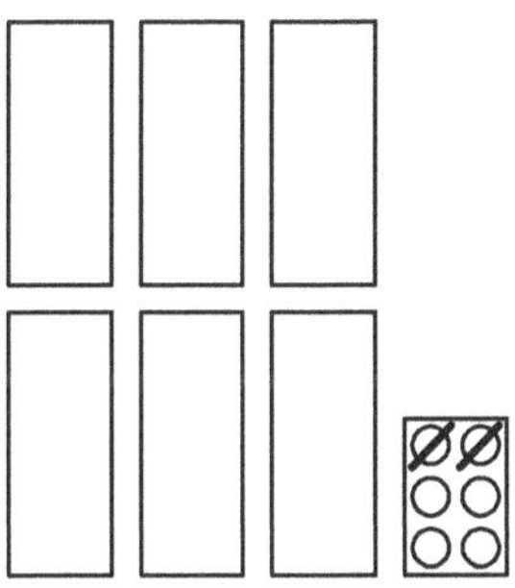

66 − 2 = ☐☐

☐ − ☐ = ☐

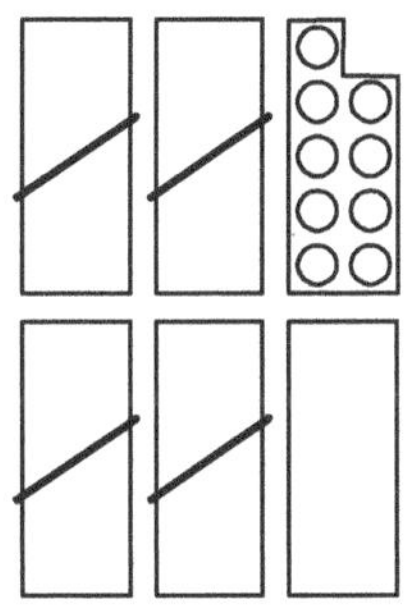

59 − 40 = ☐☐

☐ − ☐ = ☐

62 + 3 = ☐☐

97 − 40 = ☐☐

79 − 4 = ☐☐

23 + 20 = ☐☐

43 + 30 = ☐☐

Hanna und Irmi gehen ins Schwimmbad.
Die Tageskarte kostet für beide Personen 21 Euro.
Für 10 Euro kaufen sie sich Getränke und Essen.
Wie viel Geld geben die zwei Mädchen aus?

Wir rechnen: ☐☐ ◯ ☐☐ ◯ ☐☐

Wir antworten: ______________________________

____

Lizzy und Angelika sind schon im Wasser.
Sie schwimmen 21 Bahnen Brust,
dann kraulen sie noch 5 Bahnen.
Wie viele Bahnen sind sie insgesamt geschwommen?

Wir rechnen: ☐☐ ◯ ☐☐ ◯ ☐☐

Wir antworten: ______________________________

____

Name ___ Datum ___

ZR 100
ZE ± ZE
o. ZÜ

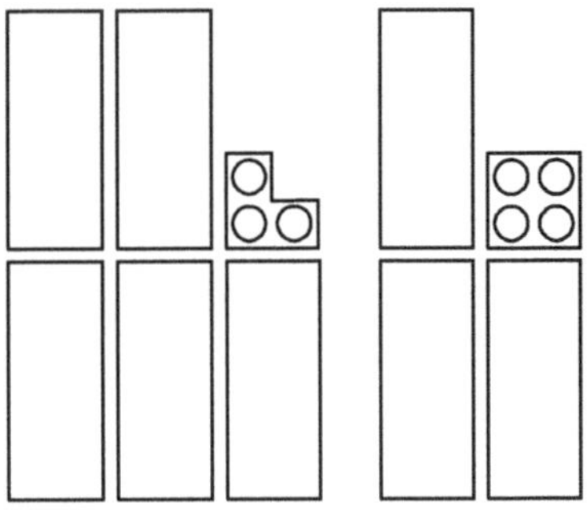

53 + 34 = ___

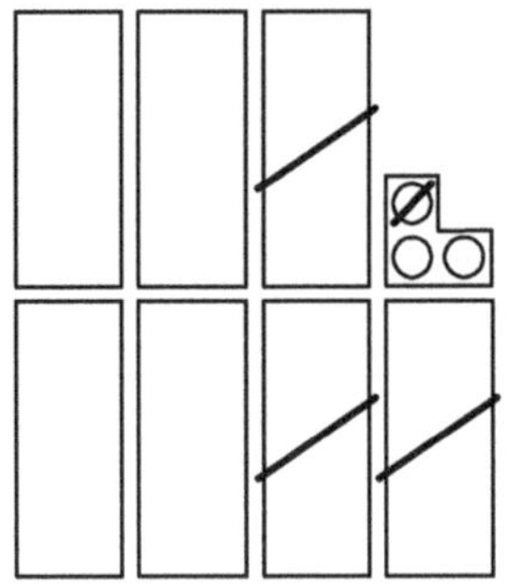

73 − 31 = ___

63 + 26 = ___
48 − 31 = ___
78 − 34 = ___
33 + 22 = ___
72 + 11 = ___

61 + 15 = ___	76 − 51 = ___	87 − 53 = ___
23 + 55 = ___	83 − 42 = ___	24 + 63 = ___
56 + 23 = ___	54 − 12 = ___	48 + 30 = ___
75 + 12 = ___	69 − 36 = ___	94 − 72 = ___
48 + 11 = ___	93 − 21 = ___	59 − 30 = ___

Tauschaufgaben

23 + 75 = ___ ___ ○ ___ ○ ___
41 + 56 = ___ ___ ○ ___ ○ ___
12 + 87 = ___ ___ ○ ___ ○ ___

Zum Schulanfang geht Klara Einkaufen. Sie hat 35 Euro.
Für 21 Euro kauft sie Stifte, Hefte und Umschläge.
Wie viel Geld bringt sie wieder mit nach Hause?

Wir rechnen: ___ ○ ___ ○ ___

Wir antworten: ___

Matthias hat 13 Glitzer-Stifte.
Sein Freund Roland hat 13 Gel-Stifte.
Wie viele Stifte können sie gemeinsam benützen?

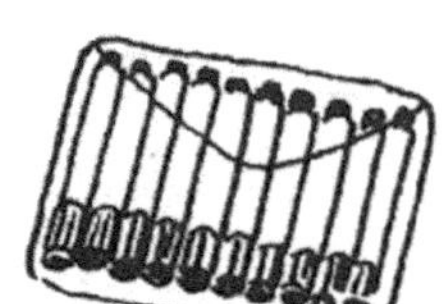

Wir rechnen: ___ ○ ___ ○ ___

Wir antworten: ___

Kistler/Schneider: Rechnen ohne Stolperstein, Lernstandserhebungen. Illustrationen: Kristina Klotz

Name Datum

ZR 100
o. ZÜ

Zahlen: 21, 14, 35

☐ + ☐ = ☐ ☐ = ☐ + ☐

☐ − ☐ = ☐ ☐ + ☐ = ☐

Zahlen: 98, 11, 87

☐ + ☐ = ☐ ☐ = ☐ + ☐

☐ − ☐ = ☐ ☐ + ☐ = ☐

36 + ☐ = 47	89 − 64 = ☐
47 − 35 = ☐	14 + 35 = ☐
58 = 24 + ☐	64 = 22 + ☐
26 + 73 = ☐	96 − 64 = ☐
37 = ☐ + 21	☐ + 13 = 26

Umkehraufgaben

86 − 42 = ☐	☐ ○ ☐ ○ ☐
94 − 12 = ☐	☐ ○ ☐ ○ ☐
63 − 11 = ☐	☐ ○ ☐ ○ ☐
48 − 26 = ☐	☐ ○ ☐ ○ ☐

Spürnasen

34 + 43 = ☐	35 + 20 = ☐
23 + 32 = ☐	42 + 13 = ☐
41 + 14 = ☐	97 − 42 = ☐
☐ ○ ☐ ○ ☐	☐ ○ ☐ ○ ☐

Name Datum

ZR 100 schriftl. ± o. ZÜ

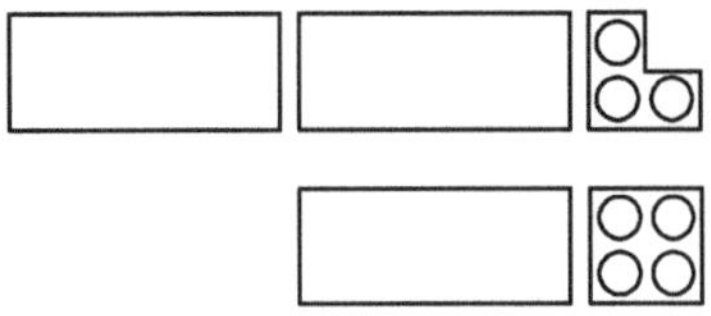

	Zehner	Einer
	2	3
+	1	4
=		

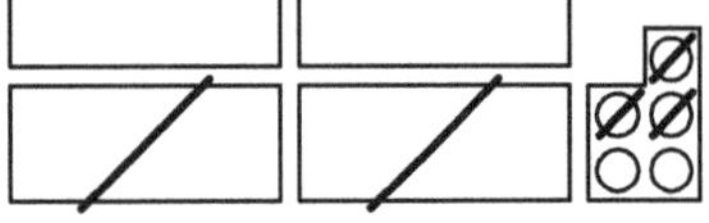

	Zehner	Einer
	4	5
−	2	3
=		

	Zehner	Einer
	3	5
−	1	2

	Zehner	Einer
	7	2
+	1	5

	Zehner	Einer
	5	9
−	3	6

	Zehner	Einer
	4	8
+	3	1

	Zehner	Einer
	3	6
+	4	2

	Zehner	Einer
	8	6
−	3	3

	Zehner	Einer
	2	1
+	4	0

	Zehner	Einer
	6	7
−	3	5

	Zehner	Einer
	6	9
−	6	0

Kistler/Schneider: Rechnen ohne Stolperstein, Lernstandserhebungen. Illustrationen: Kristina Klotz

Name Datum

ZR 100
Sonderfälle

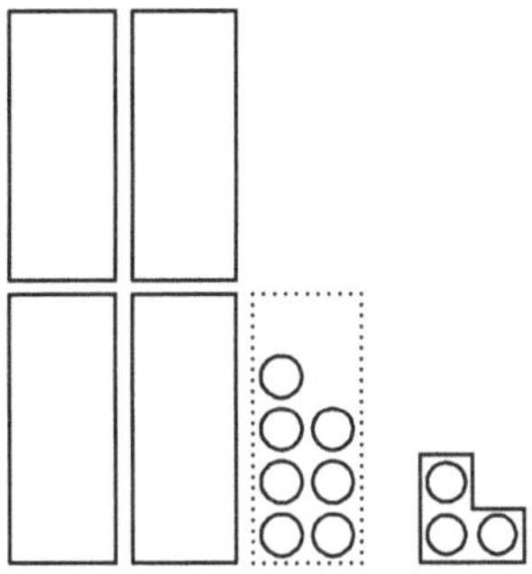

47 + 3 =

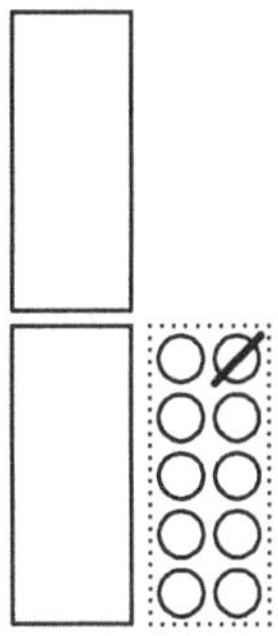

30 − 1 =

82 + 8 =
70 − 4 =
50 − 8 =
34 + 6 =
90 − 5 =

61 + 9 =
23 + 7 =
75 + 5 =
38 + 2 =
22 + 8 =

30 − 6 =
60 − 9 =
20 − 7 =
80 − 3 =
70 − 5 =

95 + 5 =
81 + 9 =
100 − 3 =
25 + 5 =
40 − 6 =

21 + 9 =
42 + 8 =
16 + 4 =

Sofie kauft sich einen Block mit Katzenbildern. Er hat 30 Seiten.
Ihren 8 Freundinnen schenkt sie je eine Seite.
Wie viele Blätter bleiben im Block?

Wir rechnen:

Wir antworten: ______________________________

____

Michi sammelt Comic-Hefte. Er hat schon 26 Hefte.
Seine beste Freundin schenkt ihm 4 neue Comics.
Wie viele Hefte hat Michi nun?

Wir rechnen:

Wir antworten: ______________________________

____

Name Datum

ZR 100 schriftl. +/− Sonderfälle

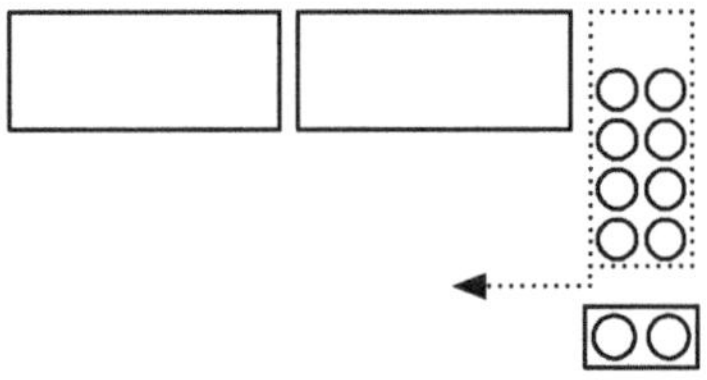

	Zehner	Einer
	2	8
		2
+	1	
=		

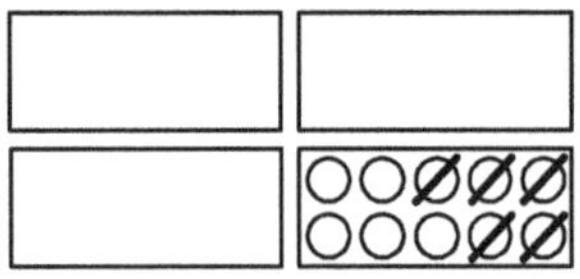

	Zehner	Einer
	4	0
−		5
=		

	Zehner	Einer
	4	7
		3
+		
=		

	Zehner	Einer
	8	3
−		2
=		

	Zehner	Einer
	3	4
		5
+		
=		

	Zehner	Einer
	7	5
		5
+		
=		

	Zehner	Einer
	6	9
		1
+		
=		

	Zehner	Einer
	5	0
−		3
=		

	Zehner	Einer
	7	0
−		8
=		

	Zehner	Einer
	9	0
−		7
=		

	Zehner	Einer
	4	4
		6
+		
=		

Kistler/Schneider: Rechnen ohne Stolperstein, Lernstandserhebungen. Illustrationen: Kristina Klotz

Name Datum

ZR 100
ZE ⊕/⊖ E
mit ZÜ

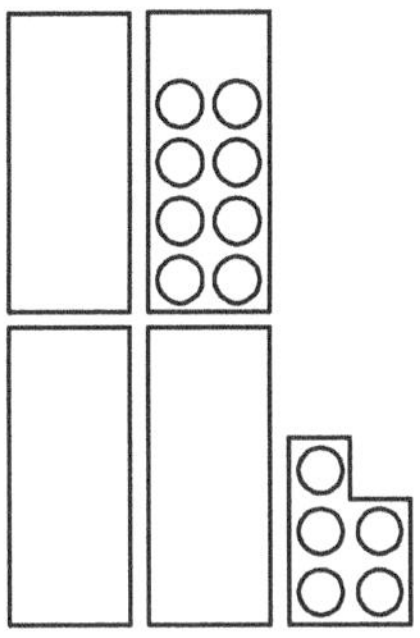

$38+5=$ ☐☐

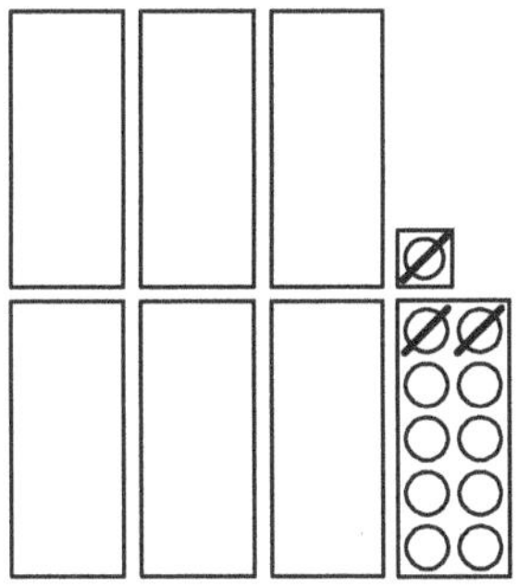

$71-3=$ ☐☐

$78-9=$ ☐☐

$47+5=$ ☐☐

$36+7=$ ☐☐

$41-2=$ ☐☐

$57+4=$ ☐☐

$66+9=$ ☐☐	$61-9=$ ☐☐	$56-9=$ ☐☐
$28+7=$ ☐☐	$24-7=$ ☐☐	$84+7=$ ☐☐
$76+5=$ ☐☐	$73-5=$ ☐☐	$96-8=$ ☐☐
$39+4=$ ☐☐	$82-6=$ ☐☐	$52+9=$ ☐☐
$24+8=$ ☐☐	$94-8=$ ☐☐	$35-7=$ ☐☐

Zwei Kinder kaufen sich Brausepulver.
Tina kauft sich 36 Brausepulver
und ihr kleiner Bruder Johann kauft 7.
Wie viel Brausepulver haben sie zusammen?

Wir rechnen: ☐☐ ○ ☐☐ ○ ☐☐

Wir antworten: ______________________

____

Oskar hat 31 Brausepulver.
Seine kleine Schwester Marie isst heimlich 3 auf.
Wie viel Brausepulver bleiben Oskar?

Wir rechnen: ☐☐ ○ ☐☐ ○ ☐☐

Wir antworten: ______________________

____

Name Datum

ZR 100
Schriftl. ZE (±) E
mit ZÜ

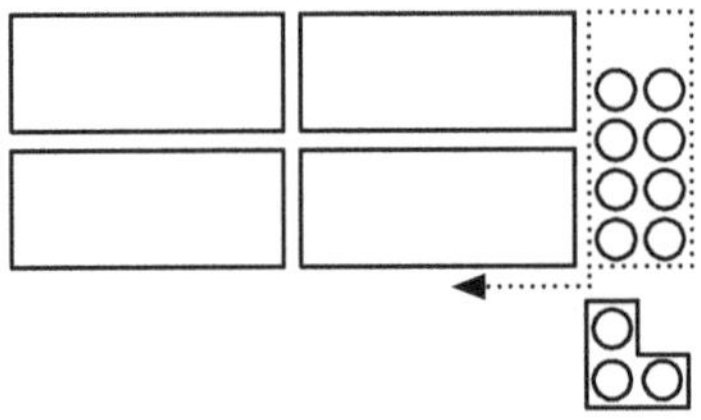

	Zehner	Einer
	4	8
		3
+		
=		1

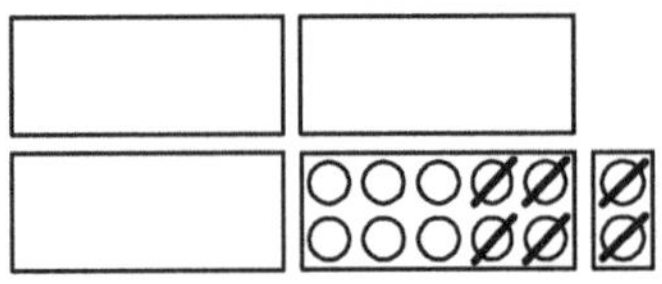

	Zehner	Einer
	4	2
−		6
=		

	Zehner	Einer
	3	8
		4
+		
=		

	Zehner	Einer
	2	9
		7
+		
=		

	Zehner	Einer
	4	2
−		6
=		

	Zehner	Einer
	2	7
		5
+		
=		

	Zehner	Einer
	6	3
−		7
=		

	Zehner	Einer
	5	1
−		2
=		

	Zehner	Einer
	7	6
−		9
=		

	Zehner	Einer
	9	4
−		8
=		

	Zehner	Einer
	8	6
		8
+		
=		

Kistler/Schneider: Rechnen ohne Stolperstein, Lernstandserhebungen. Illustrationen: Kristina Klotz

Name Datum

ZR 100
Sonderfälle 2

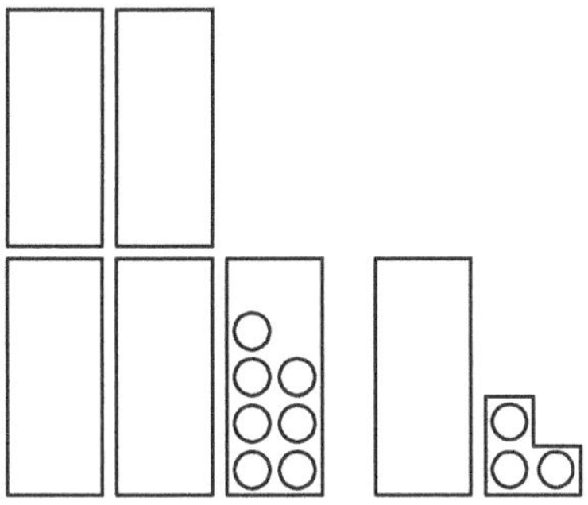

47 + 13 =

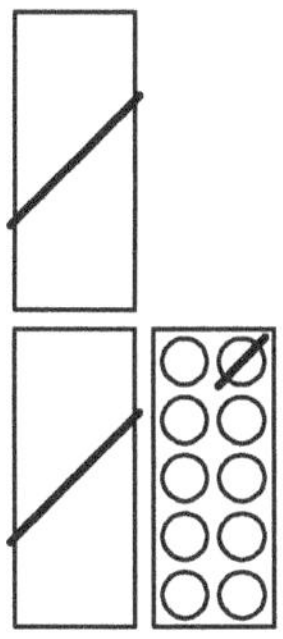

30 − 21 =

54 + 26 =

30 − 25 =

40 − 36 =

67 + 23 =

70 − 31 =

31 + 29 =	70 − 16 =	48 + 32 =
43 + 37 =	60 − 29 =	43 + 57 =
25 + 55 =	90 − 47 =	30 − 18 =
72 + 18 =	80 − 13 =	42 + 28 =
62 + 28 =	40 − 35 =	17 − 9 =

Waltraud hat bereits 25 Euro gespart.
Oma kommt zu Besuch.
Sie schenkt ihr 15 Euro für ihr Sparschwein.
Wie viel Geld hat Waltraud nun?

Wir rechnen: ___ ○ ___ ○ ___

Wir antworten: ______________________________

Roland braucht dringend Geld.
Er zerschlägt sein Sparschwein.
Er zählt 70 Euro. 17 Euro nimmt er sich.
Wie viel Geld bleibt übrig?

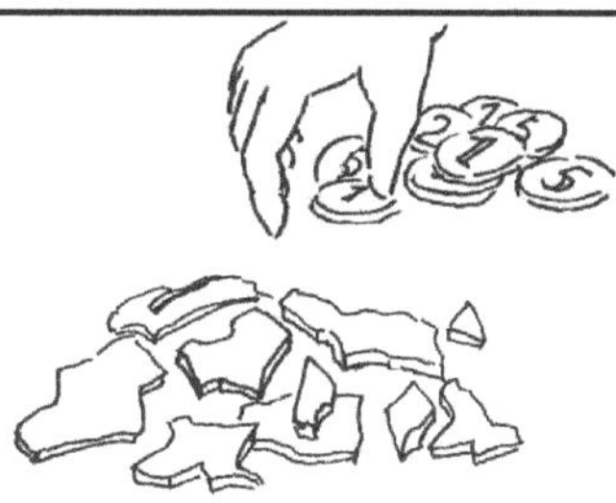

Wir rechnen: ___ ○ ___ ○ ___

Wir antworten: ______________________________

Name Datum

ZR 100
Sonderfälle 2

Verdoppeln

35 ○ [ ] ○ [ ]

15 ○ [ ] ○ [ ]

45 ○ [ ] ○ [ ]

25 ○ [ ] ○ [ ]

Halbieren

90 ○ [ ] ○ [ ]

70 ○ [ ] ○ [ ]

50 ○ [ ] ○ [ ]

30 ○ [ ] ○ [ ]

Spürnasen

39 + 11 = [ ]

48 + 12 = [ ]

57 + 13 = [ ]

[ ] ○ [ ] ○ [ ]

25 + 45 = [ ]

51 + 19 = [ ]

76 − 6 = [ ]

[ ] ○ [ ] ○ [ ]

70 34 36

[ ] + [ ] = [ ] [ ] = [ ] + [ ]

[ ] − [ ] = [ ] [ ] + [ ] = [ ]

30 17 13

[ ] + [ ] = [ ] [ ] = [ ] + [ ]

[ ] − [ ] = [ ] [ ] + [ ] = [ ]

36+14=[ ]

30=15+[ ]

25+[ ]=50

35+[ ]=70

70−18=[ ]

60−29=[ ]

50=[ ]+25

28+12=[ ]

70=35+[ ]

[ ]+15=30

Kistler/Schneider: Rechnen ohne Stolperstein, Lernstandserhebungen. Illustrationen: Kristina Klotz

Name Datum

ZR 100
ZE ⊕/⊖ ZE
mit ZÜ

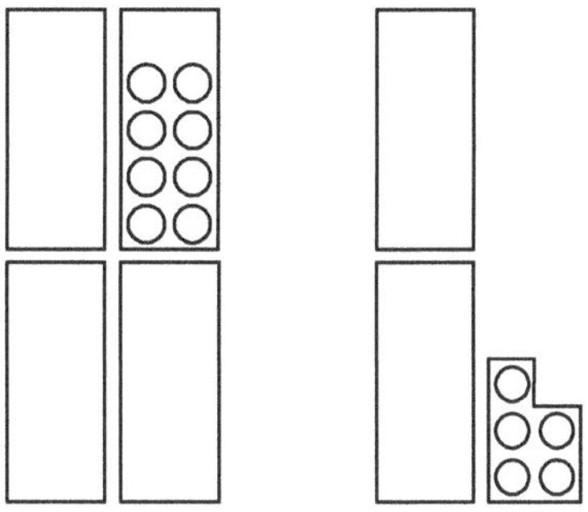

38 + 25 = ☐

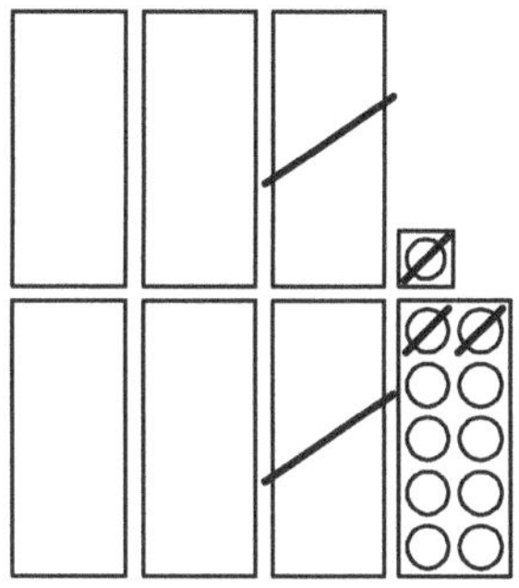

71 − 23 = ☐

57 + 24 = ☐
39 − 16 = ☐
56 − 19 = ☐
18 + 47 = ☐
41 − 32 = ☐

66 + 19 = ☐
28 + 27 = ☐
46 + 45 = ☐
44 + 28 = ☐
19 + 22 = ☐

61 − 39 = ☐
74 − 27 = ☐
73 − 15 = ☐
94 − 48 = ☐
25 − 16 = ☐

34 − 15 = ☐
68 − 39 = ☐
22 + 47 = ☐
82 − 44 = ☐
66 + 25 = ☐

Claudia und Theresa treffen sich vor dem Supermarkt.
Claudia hat sich 37 Schokokäfer gekauft, Theresa 24.
Wie viele Schokokäfer können sie zusammen essen?

Wir rechnen: ☐ ○ ☐ ○ ☐

Wir antworten: ____________________

____

Herr Pom hat Bauchweh.
In seiner Tüte waren 46 Gummi-Bärchen.
19 hat er gerade aufgegessen.
Wie viele sind noch in der Tüte?

Wir rechnen: ☐ ○ ☐ ○ ☐

Wir antworten: ____________________

____

Name ____________________ Datum

ZE ⊕/⊖ ZE mit ZÜ

Verdoppeln

16 ◯ ☐ ◯ ☐
27 ◯ ☐ ◯ ☐
39 ◯ ☐ ◯ ☐
48 ◯ ☐ ◯ ☐

Halbieren

32 ◯ ☐ ◯ ☐
54 ◯ ☐ ◯ ☐
78 ◯ ☐ ◯ ☐
96 ◯ ☐ ◯ ☐

Umkehraufgaben

42 − 15 = ☐
93 − 48 = ☐
28 − 9 = ☐
24 − 16 = ☐
54 − 26 = ☐

☐ ◯ ☐ ◯ ☐
☐ ◯ ☐ ◯ ☐
☐ ◯ ☐ ◯ ☐
☐ ◯ ☐ ◯ ☐
☐ ◯ ☐ ◯ ☐

Zahlen: 15, 31, 16

☐ + ☐ = ☐ ☐ = ☐ + ☐
☐ − ☐ = ☐ ☐ + ☐ = ☐

Zahlen: 51, 29, 22

☐ + ☐ = ☐ ☐ = ☐ + ☐
☐ − ☐ = ☐ ☐ + ☐ = ☐

48 + 26 = ☐
42 = 28 + ☐
55 + ☐ = 71
49 + ☐ = 61
93 − 15 = ☐

81 − 34 = ☐
56 = ☐ + 39
27 + 58 = ☐
34 = 19 + ☐
☐ + 36 = 52

Kistler/Schneider: Rechnen ohne Stolperstein, Lernstandserhebungen. Illustrationen: Kristina Klotz

Name Datum

ZE ⊕ ZE mit ZÜ

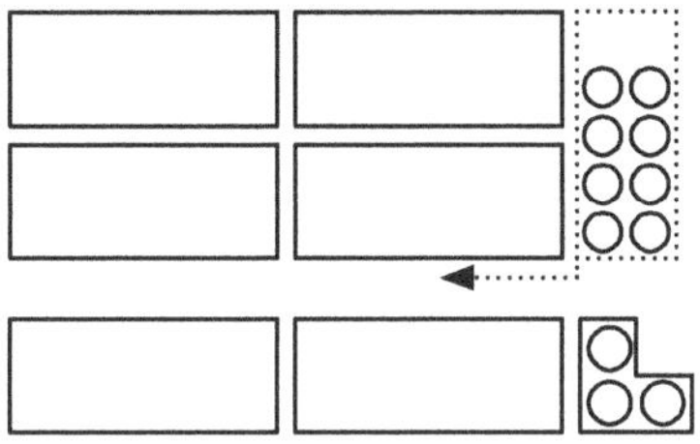

	Zehner	Einer
	2	8
	2	3
⊕		
⊜		1

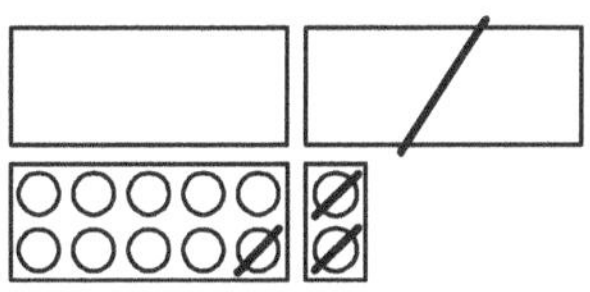

	Zehner	Einer
	3	2
	1	
⊖	1	3
⊜		

	Zehner	Einer
	3	7
	2	4
⊕		
⊜		

	Zehner	Einer
	5	2
	3	9
⊕		
⊜		

	Zehner	Einer
	7	1
⊖	2	6
⊜		

	Zehner	Einer
	9	3
⊖	6	5
⊜		

	Zehner	Einer
	8	2
⊖	4	6
⊜		

	Zehner	Einer
	1	2
	7	9
⊕		
⊜		

	Zehner	Einer
	4	3
⊖	3	8
⊜		

	Zehner	Einer
	9	6
⊖	1	7
⊜		

	Zehner	Einer
	4	6
	3	8
⊕		
⊜		

Name ______________________ Datum

1 × 1 mit 1/10/2

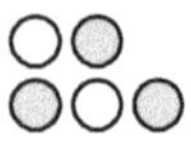	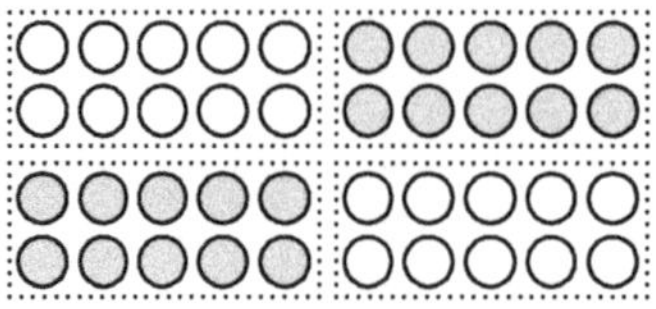	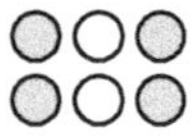
$5 \cdot 1 = \square$	$4 \cdot 10 = \square$	$3 \cdot 2 = \square$
$10 \cdot 1 = \square$ $2 \cdot 1 = \square$ $5 \cdot 1 = \square$	$5 \cdot 10 = \square$ $10 \cdot 10 = \square$ $2 \cdot 10 = \square$	$2 \cdot 2 = \square$ $5 \cdot 2 = \square$ $10 \cdot 2 = \square$
$6 \cdot 1 = \square$ $8 \cdot 10 = \square$ $7 \cdot 2 = \square$	$3 \cdot 2 = \square$ $6 \cdot 10 = \square$ $9 \cdot 2 = \square$	$8 \cdot 2 = \square$ $7 \cdot 10 = \square$ $9 \cdot 1 = \square$

4 Säue haben Ferkel bekommen.
Jede Sau hat 10 kleine Ferkel.
Wie viele Ferkel quieken nun hungrig im Stall?

Wir rechnen: ☐ ○ ☐ ○ ☐

Wir antworten: ______________________________

____

Dilek bekommt 2 Euro Taschengeld in der Woche.
Seit vier Wochen spart sie für einen Kuschel-Teddy.
Wie viel Geld hat sie schon beisammen?

Wir rechnen: ☐ ○ ☐ ○ ☐

Wir antworten: ______________________________

____

Kistler/Schneider: Rechnen ohne Stolperstein, Lernstandserhebungen. Illustrationen: Kristina Klotz

Name ______________________________ Datum

1 × 1 mit 5/4/8

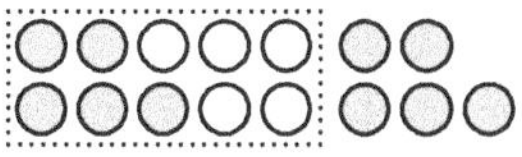	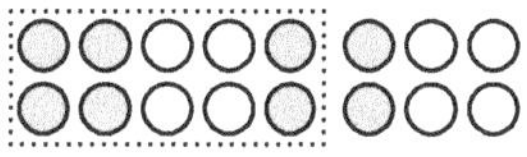	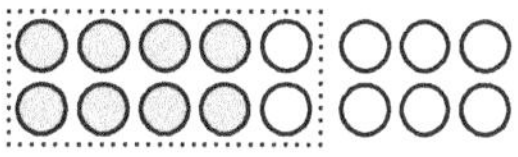
3 · 5 = ☐	4 · 4 = ☐	2 · 8 = ☐
10 · 5 = ☐	5 · 4 = ☐	3 · 8 = ☐
2 · 5 = ☐	10 · 4 = ☐	5 · 8 = ☐
5 · 5 = ☐	2 · 4 = ☐	10 · 8 = ☐
8 · 8 = ☐	7 · 4 = ☐	4 · 5 = ☐
6 · 5 = ☐	7 · 8 = ☐	7 · 5 = ☐
7 · 4 = ☐	4 · 8 = ☐	8 · 4 = ☐

Franzi verkauft auf dem Basar Spielfiguren.
Sie hat 5 Päckchen abgepackt.
Für jedes verlangt sie 4 Euro.
Wie viele Euro kann sie verdienen?

Wir rechnen: ☐ ◯ ☐ ◯ ☐

Wir antworten: ______________________________

____

In Textilarbeit weben 6 Kinder Lesezeichen aus Papier.
Jedes Kind braucht dazu 5 gleiche Streifen.
Wie viele Streifen müssen geschnitten werden?

Wir rechnen: ☐ ◯ ☐ ◯ ☐

Wir antworten: ______________________________

____

Name ______________________ Datum

Teilen durch 10/2

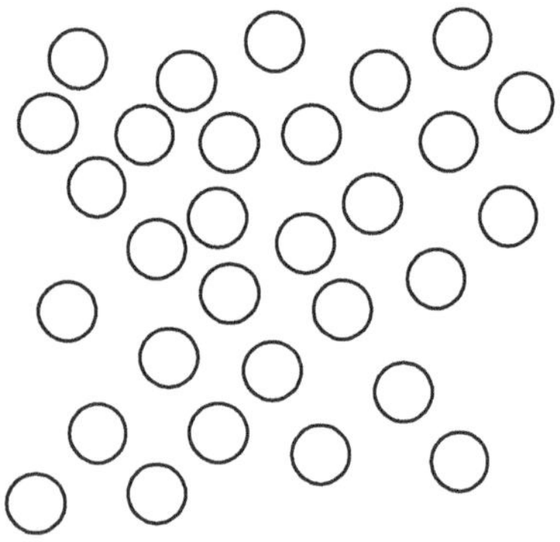

30 : 10 = □
denn □ · □ = □

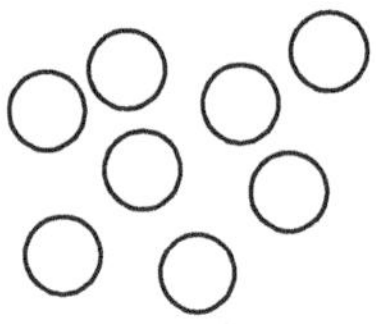

8 : 2 = □
denn □ · □ = □

10 : 2 = □
denn □ · □ = □

50 : 10 = □
denn □ · □ = □

20 : 2 = □
denn □ · □ = □

12 : 2 = □	16 : 2 = □	8 · 2 = □
9 · 2 = □	14 : 2 = □	40 : 10 = □
70 : 10 = □	5 · 10 = □	18 : 2 = □
7 · 2 = □	10 : 10 = □	10 · 10 = □

Die Bäuerin erntet 90 Äpfel.
Für ihren Hofladen macht sie 10-er Tüten.
Wie viele Tüten kann sie in den Laden legen?

□ ○ □ ○ □

A: ______________________

Die Schule beginnt.
In der Garderobe stehen 20 Straßenschuhe.
Weißt du wie viele Kinde heute im Klassenzimmer sind?

□ ○ □ ○ □

A: ______________________

Die Bäuerin kauft für ihre Familie 4 Paar neue Gummistiefel.
Für ein Paar zahlt sie 10 Euro.
Wie viele Euro muss sie bezahlen?

□ ○ □ ○ □

A: ______________________

Kistler/Schneider: Rechnen ohne Stolperstein, Lernstandserhebungen. Illustrationen: Kristina Klotz

Name Datum

Teilen durch 4/5

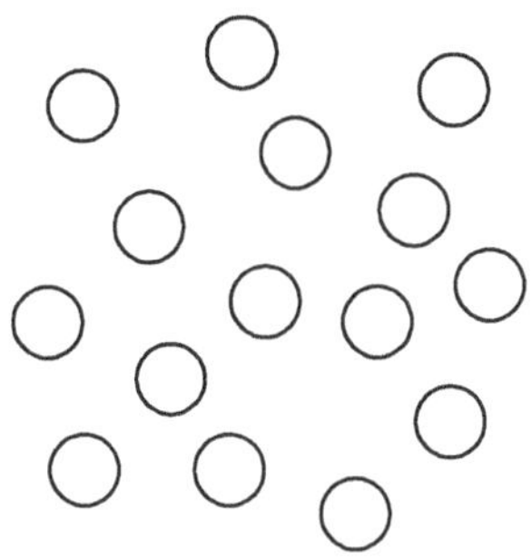

15 : 5 = ☐
denn ☐ · ☐ = ☐

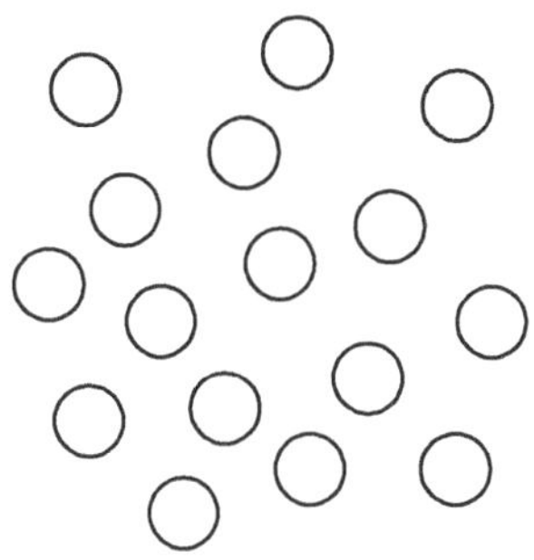

16 : 4 = ☐
denn ☐ · ☐ = ☐

25 : 5 = ☐
denn ☐ · ☐ = ☐

20 : 4 = ☐
denn ☐ · ☐ = ☐

8 : 4 = ☐
denn ☐ · ☐ = ☐

8 · 4 = ☐	10 · 5 = ☐	20 : 5 = ☐
10 : 5 = ☐	45 : 5 = ☐	24 : 4 = ☐
28 : 4 = ☐	8 · 5 = ☐	35 : 5 = ☐
30 : 5 = ☐	12 : 4 = ☐	7 · 4 = ☐

Daniela, Alexa, Sonja, Felix und Lea waren im Zoo.
Zusammen mussten sie 15 Euro für den Eintritt bezahlen.
Wie teuer war der Zoobesuch für jedes Kind?

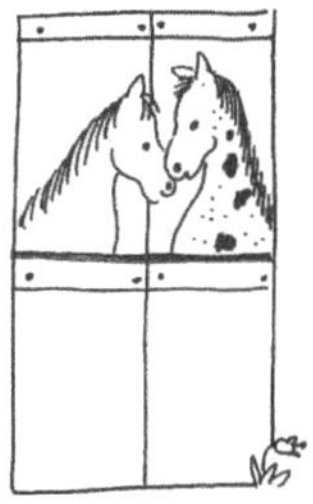

☐ ○ ☐ ○ ☐

A: ____________________

Sandra hat 40 Kirschen.
Sie will sie gerecht auf 4 Schälchen verteilen.
Wie viele Kirschen legt sie in jedes Schälchen?

☐ ○ ☐ ○ ☐

A: ____________________

Jan bringt für die Geburtstagsfeier in der Klasse 5 Schachteln Eis mit. In jeder Packung sind 5 Eis am Stiel.
Für wie viele Personen reicht das Eis?

☐ ○ ☐ ○ ☐

A: ____________________

Name ______________________ Datum

Teilen durch 8

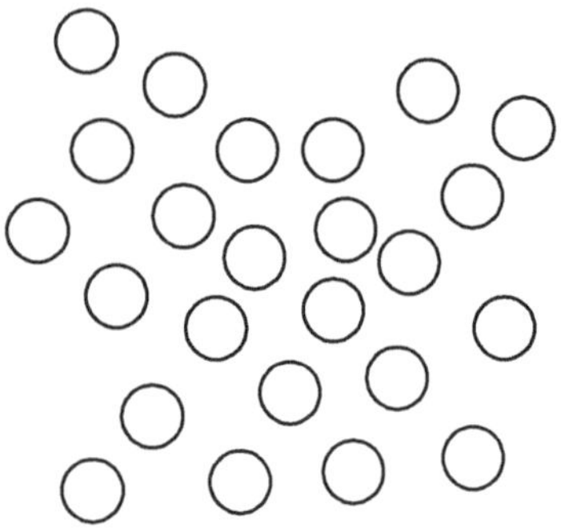

$24 : 8 =$ ☐
denn ☐ · ☐ = ☐

$80 : 8 =$ ☐
denn ☐ · ☐ = ☐

$16 : 8 =$ ☐
denn ☐ · ☐ = ☐

$40 : 8 =$ ☐
denn ☐ · ☐ = ☐

$32 : 8 =$ ☐

$56 : 8 =$ ☐

$72 : 8 =$ ☐

$8 : 8 =$ ☐

$64 : 8 =$ ☐

$48 : 8 =$ ☐

$80 : 10 =$ ☐	$8 \cdot 2 =$ ☐	$32 : 4 =$ ☐
$16 : 2 =$ ☐	$6 \cdot 8 =$ ☐	$7 \cdot 8 =$ ☐
$8 \cdot 8 =$ ☐	$16 : 4 =$ ☐	$40 : 5 =$ ☐
$40 : 5 =$ ☐	$8 \cdot 5 =$ ☐	$72 : 8 =$ ☐

Acht Kinder essen auf der Geburtstagsfeier Brezeln.
Papa hat 16 Brezeln eingekauft.
Wie viele Brezeln kann jedes Kind essen?

☐ ○ ☐ ○ ☐

A: ____

____

Außerdem gibt es zur Geburtstagsfeier Tüten mit Schokoherzen.
In jeder Tüte sind 8 Herzen. Mama hat 7 Tüten gekauft.
Wie viele Schokoherzen können die Kinder essen?

☐ ○ ☐ ○ ☐

A: ____

____

Kistler/Schneider: Rechnen ohne Stolperstein, Lernstandserhebungen. Illustrationen: Kristina Klotz

Name Datum

1 × 1 mit 3/6

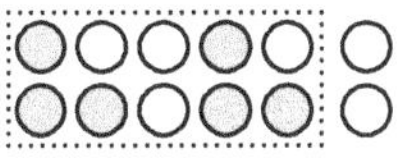

4 · 3 = ☐

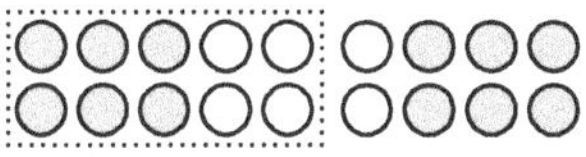

3 · 6 = ☐

7 · 6 = ☐

6 · 3 = ☐

8 · 3 = ☐

2 · 3 = ☐

10 · 3 = ☐

5 · 3 = ☐

5 · 6 = ☐

2 · 6 = ☐

10 · 6 = ☐

4 · 6 = ☐

7 · 3 = ☐

8 · 6 = ☐

4 · 5 = ☐

9 · 3 = ☐

6 · 4 = ☐

7 · 8 = ☐

6 · 6 = ☐

8 · 2 = ☐

3 · 3 = ☐

6 · 3 = ☐

9 · 8 = ☐

Freya, Karin, Wolfram und Quirin holen mit ihren Netzen Einsiedlerkrebse aus dem Meer. Jedes Kind findet sechs Stück.
Wie viele Krebse haben sie im Eimer?

☐ ○ ☐ ○ ☐

A: ______________________________

____

Ursula verdient auf dem Ponyhof für das Striegeln der Pferde drei Euro. In diesem Monat hat sie schon drei mal dort gearbeitet.
Wie viel Geld hat sie verdient?

☐ ○ ☐ ○ ☐

A: ______________________________

____

Name ______________________ Datum

1 × 1 mit 7/9

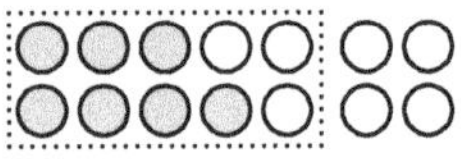 $2 \cdot 7 =$ ☐	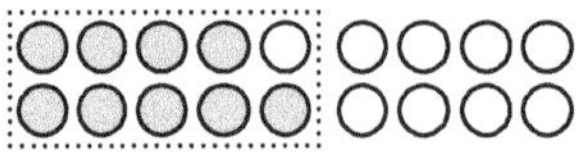 $2 \cdot 9 =$ ☐	$8 \cdot 9 =$ ☐ $6 \cdot 7 =$ ☐ $7 \cdot 9 =$ ☐
$3 \cdot 7 =$ ☐ $10 \cdot 7 =$ ☐ $5 \cdot 7 =$ ☐	$10 \cdot 9 =$ ☐ $5 \cdot 9 =$ ☐ $3 \cdot 9 =$ ☐	$4 \cdot 7 =$ ☐ $8 \cdot 7 =$ ☐ $9 \cdot 9 =$ ☐
$8 \cdot 3 =$ ☐ $6 \cdot 6 =$ ☐ $7 \cdot 4 =$ ☐	$4 \cdot 9 =$ ☐ $7 \cdot 7 =$ ☐ $7 \cdot 3 =$ ☐	$9 \cdot 7 =$ ☐ $6 \cdot 9 =$ ☐ $4 \cdot 8 =$ ☐

Tatjana freut sich auf den Besuch im Freizeitpark mit der Schule.
Sie sagt zu ihrem Vater: „In zwei Wochen ist es soweit!"
Wie viele Tage muss sie noch warten?

☐ ○ ☐ ○ ☐

A: ____

____

Für das Schulfest kauft die Lehrerin sechs neue Fußbälle.
Ein Fußball kostet neun Euro.
Wie viel Geld gibt die Lehrerin aus?

☐ ○ ☐ ○ ☐

A: ____

____

Kistler/Schneider: Rechnen ohne Stolperstein, Lernstandserhebungen. Illustrationen: Kristina Klotz

Name Datum

Teilen durch 3/6

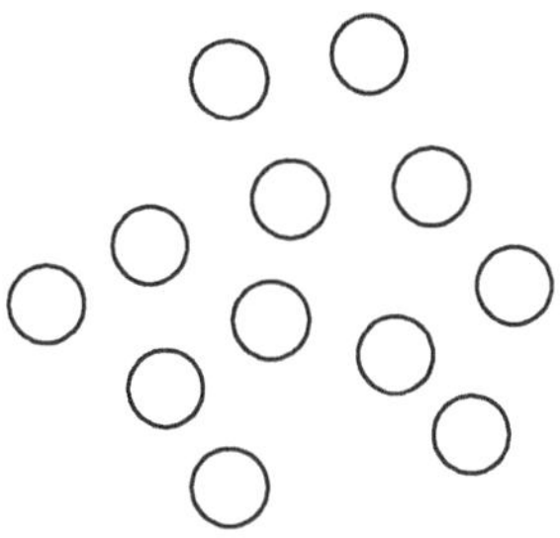

$12 : 3 =$ ☐

denn ☐ · ☐ = ☐

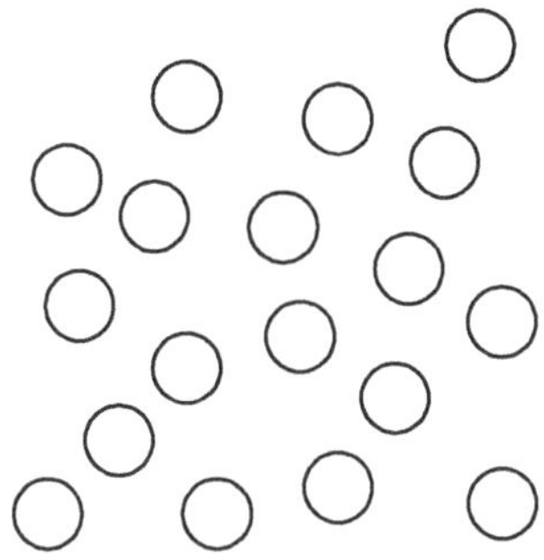

$18 : 6 =$ ☐

denn ☐ · ☐ = ☐

$18 : 3 =$ ☐

denn ☐ · ☐ = ☐

$24 : 6 =$ ☐

denn ☐ · ☐ = ☐

$54 : 6 =$ ☐

denn ☐ · ☐ = ☐

$8 \cdot 3 =$ ☐	$27 : 3 =$ ☐	$36 : 6 =$ ☐
$30 : 6 =$ ☐	$8 \cdot 6 =$ ☐	$7 \cdot 3 =$ ☐
$21 : 3 =$ ☐	$42 : 6 =$ ☐	$7 \cdot 6 =$ ☐
$48 : 6 =$ ☐	$9 \cdot 3 =$ ☐	$24 : 3 =$ ☐

Johanna, Lara und Florian wollen mit Bällen Ziel werfen üben.
Sie haben 12 Bälle.
Wie oft kann jedes Kind werfen?

☐ ○ ☐ ○ ☐

A: ______

Die Lehrerin kauft für die Kinder in ihrer Klasse zehn Becherlupen.
Eine Lupe kostet sechs Euro.
Wie viele Euro muss sie dafür aus der Klassenkasse nehmen?

☐ ○ ☐ ○ ☐

A: ______

Die Kinder basteln Schatzkästchen. Für jedes brauchen sie sechs Schneckenhäuser. Im Garten finden sie 24.
Wie viele Kästchen können sie verzieren?

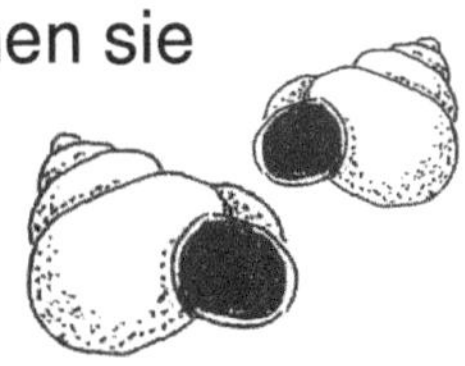

☐ ○ ☐ ○ ☐

A: ______

Name Datum

Teilen durch 7/9

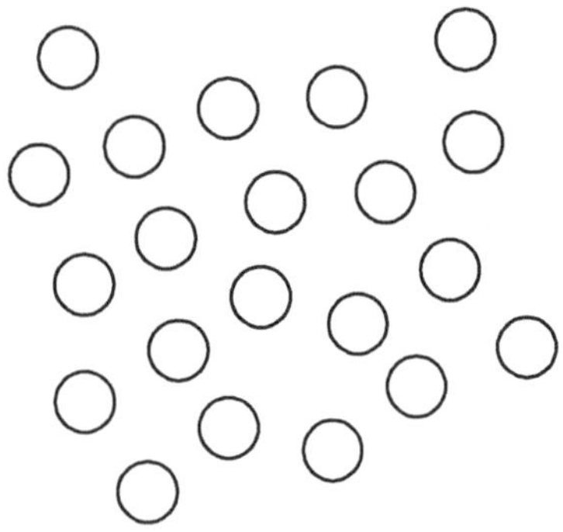

21 : 7 = ☐
denn ☐ · ☐ = ☐

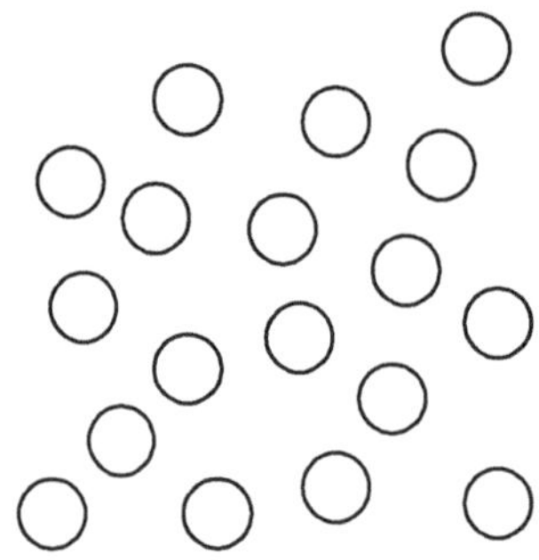

18 : 9 = ☐
denn ☐ · ☐ = ☐

45 : 9 = ☐
denn ☐ · ☐ = ☐

63 : 7 = ☐
denn ☐ · ☐ = ☐

49 : 7 = ☐
denn ☐ · ☐ = ☐

6 · 7 = ☐	54 : 9 = ☐	7 · 9 = ☐
81 : 9 = ☐	4 · 7 = ☐	28 : 7 = ☐
14 : 7 = ☐	35 : 7 = ☐	3 · 9 = ☐
9 : 9 = ☐	8 · 9 = ☐	27 : 9 = ☐

Die Kinder basteln Halsschmuck. Für jeden brauchen sie sieben Bärenklauen. Sie haben 70 Bärenklauen aus Plastik. Wie viele Ketten können sie basteln?

☐ ○ ☐ ○ ☐

A: ______________________________

Für das Handballturnier kauft die Trainerin neun Sportkäppis. Aus der Vereinskasse nimmt sie dafür 54 Euro. Wie viel kostet ein Käppi?

☐ ○ ☐ ○ ☐

A: ______________________________

Beim Sportfest werden 3 Felder abgesteckt. Für jedes Feld braucht man 9 Kegel. Wie viele Kegel müssen aus dem Geräteraum geholt werden?

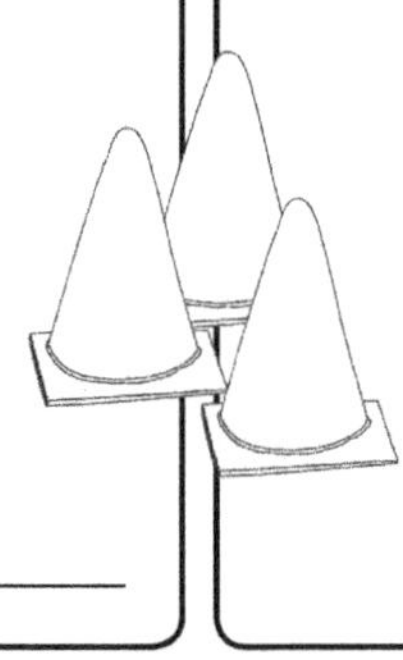

☐ ○ ☐ ○ ☐

A: ______________________________

Name Datum

$3+2=$ ☐	$29-8=$ ☐	$81:9=$ ☐
$3-2=$ ☐	$48:8=$ ☐	$14+25=$ ☐
$3\cdot 2=$ ☐	$52-12=$ ☐	$2\cdot 7=$ ☐
$6:2=$ ☐	$30:6=$ ☐	$42+16=$ ☐
	$80-20=$ ☐	$16:4=$ ☐
	$7\cdot 8=$ ☐	$90:10=$ ☐
	$28:7=$ ☐	$31-2=$ ☐
	$39+13=$ ☐	$6\cdot 3=$ ☐
	$4\cdot 9=$ ☐	$73+7=$ ☐

Für den Ausflug ins Legoland bekommt Andrea von Opa, Oma, Tante Birgit und Onkel Herbert jeweils 5 Euro.
Wie viele Euro hat sie geschenkt bekommen?

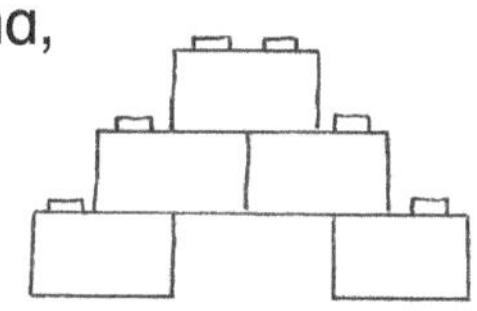

☐ ○ ☐ ○ ☐

A: ______________________________

Im Urlaub am Meer kauft sich Felix ein Schwimmtier für 13 Euro.
Sein Vater spendiert ihm eine Taucherbrille. Diese kostet 18 Euro.
Wie viel muss an der Kasse bezahlt werden?

☐ ○ ☐ ○ ☐

A: ______________________________

Im Geschäft haben Pia, Jan, Lea und Mia 24 schöne Sticker gekauft.
Jedes Kind soll gleich viele Sticker bekommen.
Wie viele Sticker bekommt jedes Kind?

☐ ○ ☐ ○ ☐

A: ______________________________

Für die Ferien hat sich Tina 18 Euro gespart.
Am Ende der Ferien sind noch 3 Euro in ihrem Geldbeutel.
Wie viel Geld hat Tina in den Ferien ausgegeben?

☐ ○ ☐ ○ ☐

A: ______________________________

Name Datum

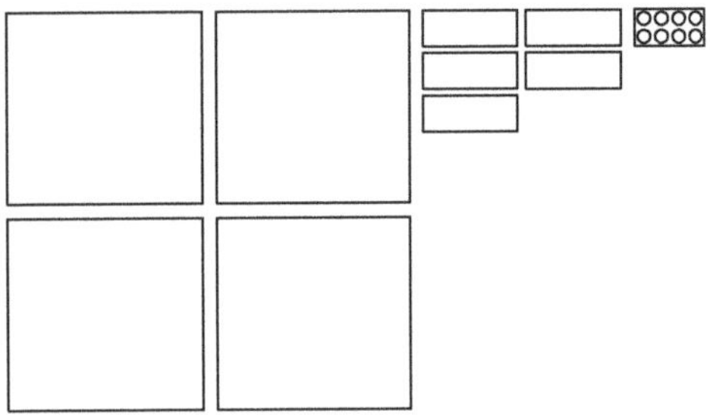

T H Z E

T H Z E

Schreibe die Zahlen!

	T H Z E		T H Z E
zweihundert-vier-und-achtzig		sieben-hundert-drei	
neun-hundert-neun-und-neunzig		tausend	

Vorgänger/Nachfolger: Schreibe dazu!

	908	
	999	
		300
	305	
499		
	579	

Ordne der Größe nach!

49 600 377 239
378 819 902 512

Größer oder kleiner?

704	◯	498	149	◯	419	279	<	
603	◯	610	555	◯	333	738	>	
418	◯	237	1000	◯	999	699	<	

Die kleinste Zahl Die größte Zahl mit 6 5 4

Name Datum

ZR 1000
H ± H

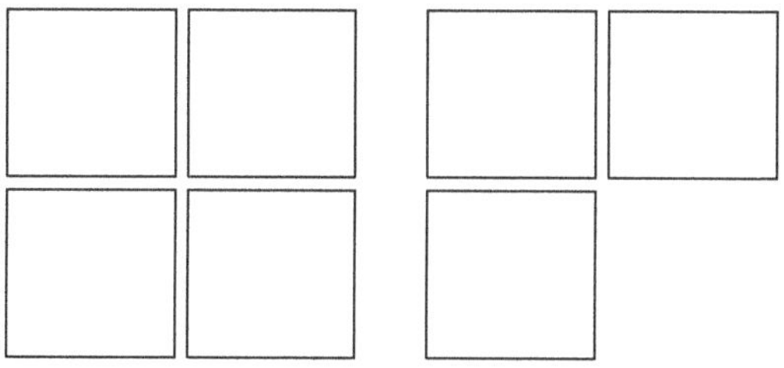

400 + 300 = ___

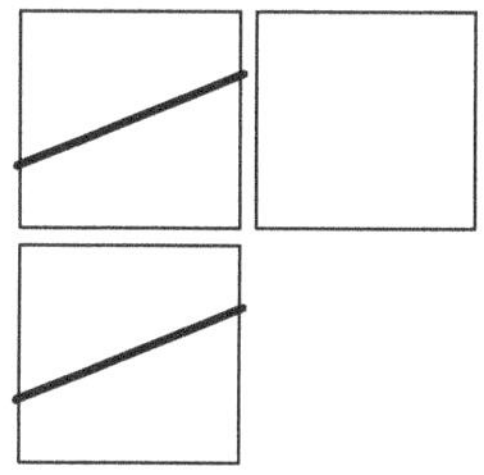

300 − 200 = ___

Kleine und große Aufgaben

3	+	6	=			−		=	
	+		=		70	−	50	=	
	+		=			−		=	

1000 − 400 = ___ 900 + 100 = ___

60 + 10 = ___ 800 − 600 = ___

300 + 400 = ___ 90 − 30 = ___

1000 − 400 + 200 − 800 = ___

800 − 700 + 500 + 400 = ___

Der Fußballverein trainiert öffentlich. Heute schauen viele Menschen zu. Auf dem Trainingsgelände sind Plätze für 300 Zuschauer. 200 Plätze sind besetzt. Wie viele Plätze für Fans sind noch frei?

___ ○ ___ ○ ___

A: ______________________________

Vor dem Spiel werden Fahnen verkauft. Es gibt 500 kleinere Fahnen für einen Euro und 200 größere Fahnen für 2 Euro zu kaufen. An diesem Tag bleibt keine Fahne übrig.
Wie viele Fahnen hat der Verein verkauft?

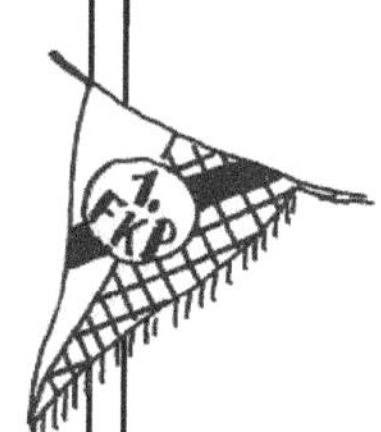

___ ○ ___ ○ ___

A: ______________________________

Name Datum

ZR 1000
HZE
H/Z/E

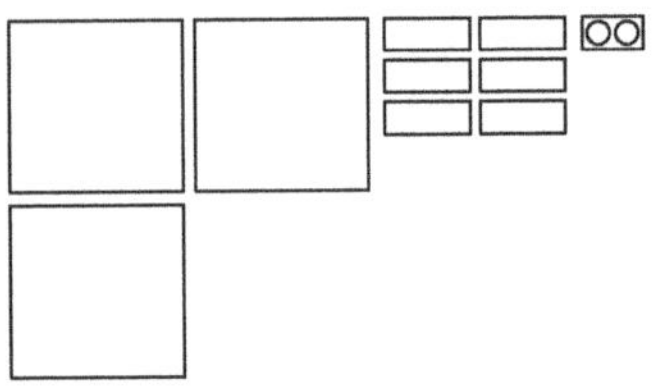

362 + 3 = ___

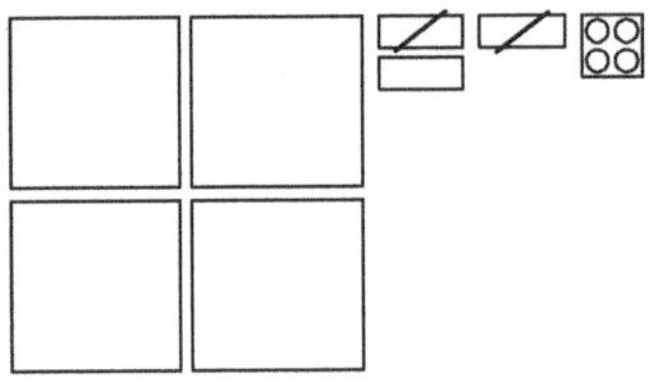

434 − 20 = ___

203 + 600 = ___
578 − 8 = ___
979 + 10 = ___
643 + 30 = ___
850 − 400 = ___
30 + 70 = ___

547 + 200 = ___
938 + 30 = ___
642 + 7 = ___
839 + 100 = ___
347 + 2 = ___
716 + 50 = ___

863 − 40 = ___
754 − 4 = ___
978 − 500 = ___
379 − 200 = ___
693 − 50 = ___
408 − 7 = ___

970 − 60 = ___
479 − 7 = ___
537 + 2 = ___
412 + 6 = ___
729 − 7 = ___
949 − 200 = ___

968 = ___ + 961
417 = 407 + ___
639 = ___ + 439

523 + ___ = 923
7 + ___ = 707
645 + ___ = 685

Beim Sportfest dürfen sich die Sportlerinnen und Sportler Bananen nehmen. Die Schule hat 275 Bananen besorgt. Am Ende des Festes sind noch 60 übrig. Die restlichen Bananen dürfen die Kinder nach Hause nehmen.
Wie viele Bananen dürfen die Kinder mitnehmen?

___ ○ ___ ○ ___

A: ______________________

Zur Siegerehrung hat die Sportlehrerin Urkunden besorgt. Sie hat auch 125 silberne Medaillen besorgt. Für besondere Leistungen gibt es noch 30 Goldmedaillen. Die Oberstufenkinder machen Bänder an alle Medaillen. Wie viele müssen sie anbringen?

___ ○ ___ ○ ___

A: ______________________

Name Datum

ZR 1000
HZE
+/− E/ZE/HZE

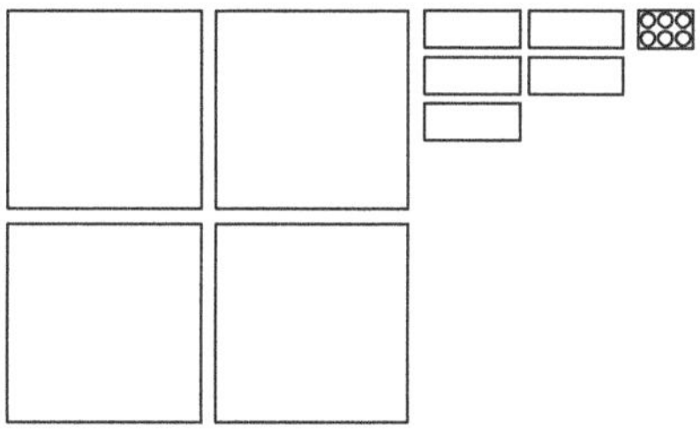

	H	Z	E	
⊕				

	H	Z	E	
⊕				

	H	Z	E	
⊕				

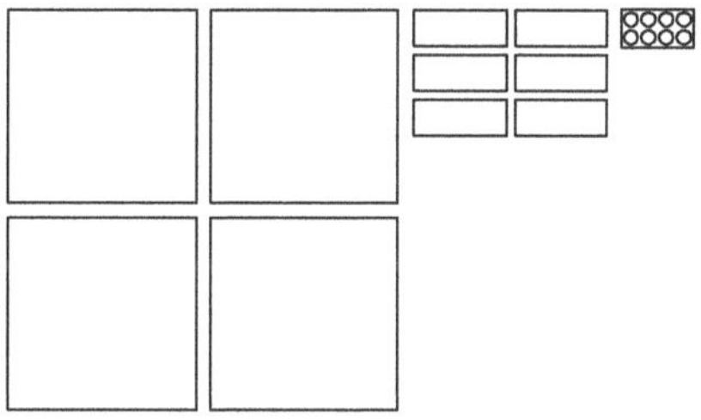

	H	Z	E	
⊖				

	H	Z	E	
⊖				

	H	Z	E	
⊖				

503 + 282
867 − 643
909 − 405

538 − 5
36 + 262
7 + 331
877 − 45
351 + 432
881 − 151

Name Datum

ZR 1000
Runden
Überschlag

Runde auf oder ab!

Runde auf Zehner!

445 — 731 — 647 — 923 — 325

Runde auf Hunderter!

755 — 834 — 549 — 292 — 351

Runde auf Hunderter!

726 − 313 = ⟳ ☐ − ☐ = ☐

351 + 244 = ⟳ ☐ − ☐ = ☐

791 − 550 = ⟳ ☐ − ☐ = ☐

Gleich kennst du meine Lieblingszahl. Zuerst sind es 734, dazu rechne ich 265. Jetzt kennst du sie!

A: ____________________

Kistler/Schneider: Rechnen ohne Stolperstein, Lernstandserhebungen. Illustrationen: Kristina Klotz

Name ____ Datum

ZR 1000
Ü HZE
⊕ E/ZE/HZE

456 + 7

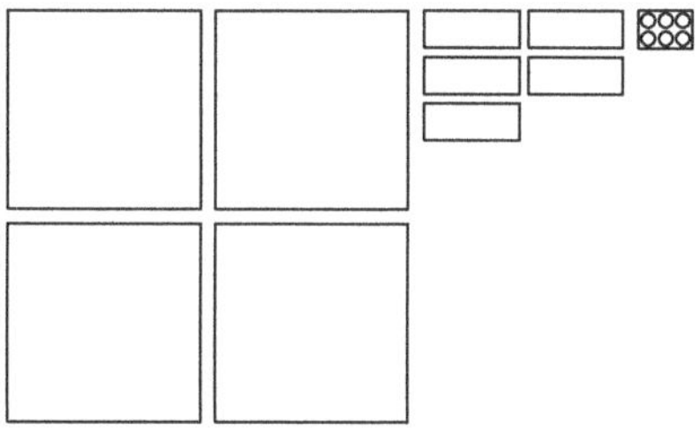

	H	Z	E
+			

426 + 92

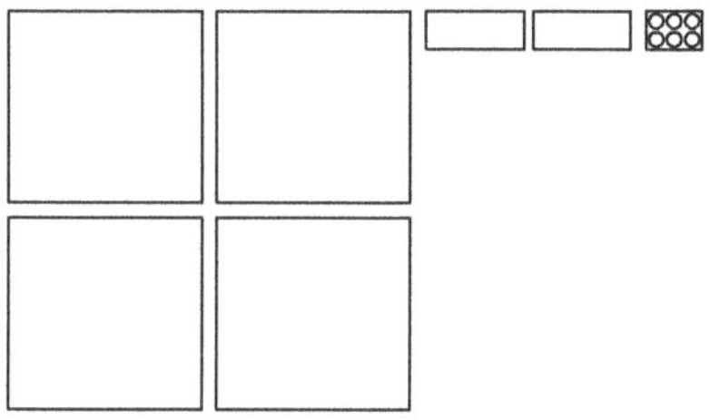

	H	Z	E
+			

246 + 175

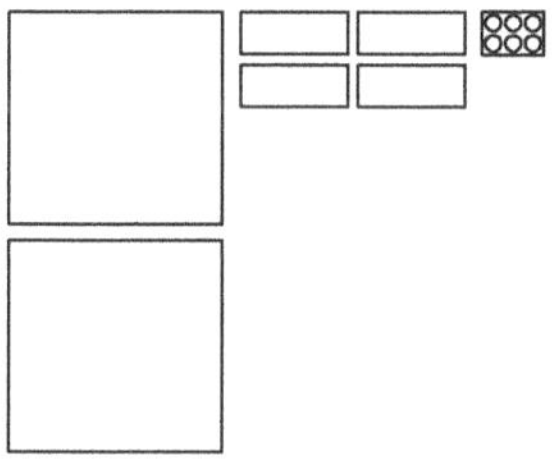

	H	Z	E
+			

452 + 196

399 + 489

236 + 39 + 515

598 + 290

259 + 287

26 + 317 + 408

Name Datum

ZR 1000
Ü HZE
⊖ E/ZE/HZE

326 – 8

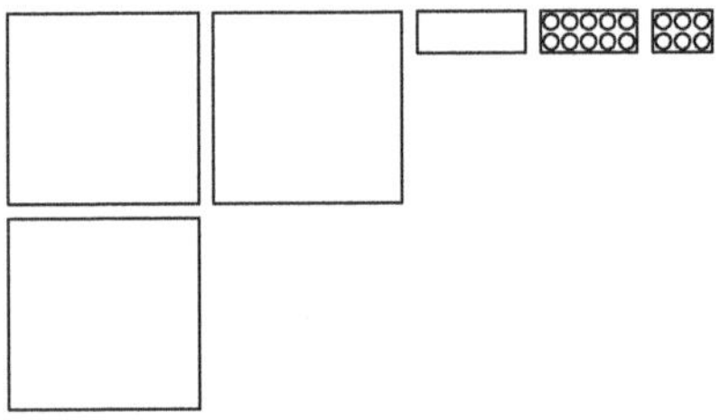

H	Z	E
⊖		

417 – 23

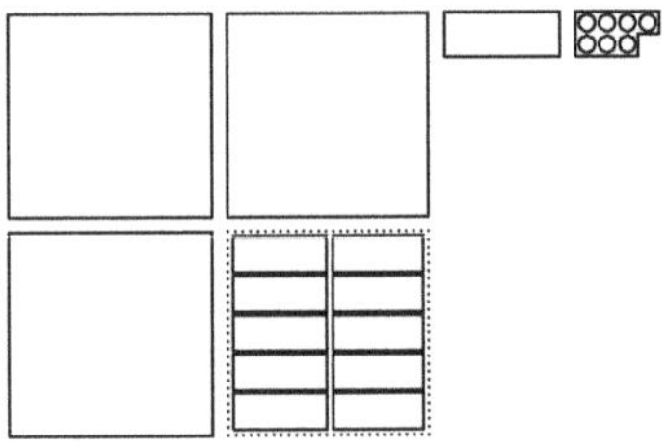

H	Z	E
⊖		

426 – 137

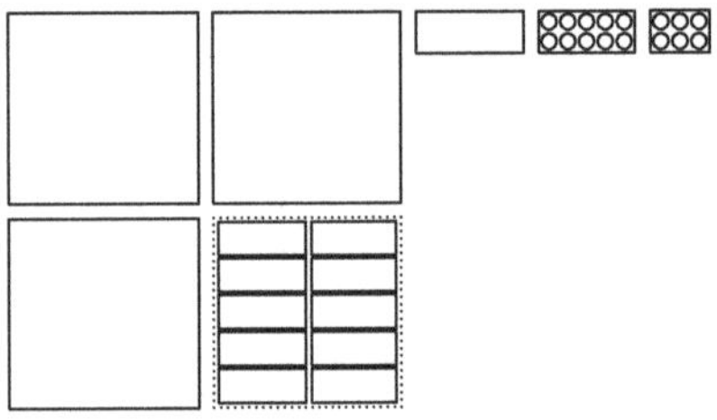

H	Z	E
⊖		

509 – 498

481 – 469

728 – 686

1000 – 999

512 – 238

856 – 367

Kistler/Schneider: Rechnen ohne Stolperstein, Lernstandserhebungen. Illustrationen: Kristina Klotz

Name Datum

ZR 1000
Ü HZE
± E/ZE/HZE

376 + 129

	H	Z	E	
+				

412 – 107

	H	Z	E	
–				

593 + 245

	H	Z	E	
+				

917 – 453

	H	Z	E	
–				

298 + 524

	H	Z	E	
+				

732 – 457

	H	Z	E	
–				

210 + 459

481 – 469

736 – 308

835 – 547

527 + 239

371 + 129

Name Datum

ZR 1000
Ü HZE
± E/ZE/HZE

Im Dino-Kino haben 275 Zuschauer Platz.
Eine halbe Stunde vor Beginn der Vorführung sitzen bereits 186 Kinder mit 3 D-Brillen auf ihren Plätzen.
Wie viele Plätze sind noch frei?

A:

Der Zauberer Pokus begeistert alle Besucher des Freizeitparks.
Im Zirkuszelt des Parks waren am Samstag 249 Zuschauer.
Am Sonntag besuchten 172 die Vorstellung.
Wie viele Personen haben am Wochenende das Zelt besucht?

A:

Die Achterbahn ist bei allen Kindern sehr beliebt. Heute sind schon 576 Personen gefahren. Kurz vor Schluss stehen noch 89 in der Schlange. Wie viele Leute sind dann mit der Achterbahn gefahren?

A:

Überschlage mit Hundertern!

323 + 587 = ⟳ + =

742 − 362 = ⟳ − =

157 + 634 = ⟳ + =

Die knifflige 0

567 + 233	1000 − 315	445 + 555	470 − 125

Kistler/Schneider: Rechnen ohne Stolperstein, Lernstandserhebungen. Illustrationen: Kristina Klotz

Name Datum

ZR 1000
Z/H/HZ
⊙ 10/100

H	Z	E
	10 10 10 10	

$40 \cdot 10 =$ ☐☐☐

H	Z	E

H	Z	E
		1 1 1 1 1 1

$6 \cdot 100 =$ ☐☐☐

H	Z	E

H	Z	E
	10 10 10	1 1 1 1 1

$35 \cdot 10 =$ ☐☐☐

H	Z	E

$90 \cdot 10 =$ ☐☐☐
$70 \cdot 10 =$ ☐☐☐
$30 \cdot 10 =$ ☐☐☐
$5 \cdot 10 =$ ☐☐☐
$10 \cdot 10 =$ ☐☐☐

$5 \cdot 100 =$ ☐☐☐
$8 \cdot 100 =$ ☐☐☐
$2 \cdot 100 =$ ☐☐☐
$10 \cdot 100 =$ ☐☐☐☐
$7 \cdot 100 =$ ☐☐☐

$26 \cdot 10 =$ ☐☐☐
$85 \cdot 10 =$ ☐☐☐
$34 \cdot 10 =$ ☐☐☐
$88 \cdot 10 =$ ☐☐☐
$14 \cdot 10 =$ ☐☐☐

$4 \cdot 100 =$ ☐☐☐
$74 \cdot 10 =$ ☐☐☐
$47 \cdot 10 =$ ☐☐☐
$20 \cdot 10 =$ ☐☐☐

$6 \cdot 10 =$ ☐☐☐
$99 \cdot 10 =$ ☐☐☐
$7 \cdot 10 =$ ☐☐☐
$3 \cdot 100 =$ ☐☐☐

$54 \cdot 10 =$ ☐☐☐
$50 \cdot 10 =$ ☐☐☐
$53 \cdot 10 =$ ☐☐☐
$80 \cdot 10 =$ ☐☐☐

Vida braucht ihre Duplo-Steine nicht mehr.
Sie verkauft sie auf dem Flohmarkt beim Schulfest.
Sie macht 10 Päckchen. In jedem sind 15 Stück.
Wie viele Duplo-Steine will sie verkaufen?

☐☐☐☐ ○ ☐☐☐☐ ○ ☐☐☐☐

A: ______________________________

Die Bäckerei Lecker spendet für das Schulfest Herz-Kekse.
Nach den anstrengenden Spielen sollen alle Kinder
ein Päckchen mit drei Keksen bekommen.
100 Tüten sollen gepackt werden.
Wie viele Kekse werden dafür gebraucht?

☐☐☐☐ ○ ☐☐☐☐ ○ ☐☐☐☐

A: ______________________________

Name Datum

ZR 1000
Z/H/HZ
(:) 10/100

H	Z	E
100 100 100		

300 : 10 = ☐

H	Z	E

H	Z	E
100 100 100		

300 : 100 = ☐

H	Z	E

H	Z	E
100 100 100	10 10 10 10 10	

350 : 10 = ☐

H	Z	E

500 : 10 = ☐
1000 : 10 = ☐
700 : 10 = ☐
400 : 10 = ☐
800 : 10 = ☐

400 : 100 = ☐
1000 : 100 = ☐
600 : 100 = ☐
200 : 100 = ☐
700 : 100 = ☐

990 : 10 = ☐
750 : 10 = ☐
380 : 10 = ☐
260 : 10 = ☐
190 : 10 = ☐

850 : 10 = ☐
300 : 10 = ☐
300 : 100 = ☐
430 : 10 = ☐

80 : 10 = ☐
520 : 10 = ☐
100 : 10 = ☐
790 : 10 = ☐

900 : 10 = ☐
120 : 10 = ☐
680 : 10 = ☐
500 : 100 = ☐

Natalie spielt nicht mehr mit ihren kleinen Puppen und verkauft sie.
Auch von der Kleidung packt sie immer 10 Stück in ein Netz.
Sie hat 50 Kleider zu verkaufen.
Wie viele Päckchen kann sie verkaufen?

☐ ○ ☐ ○ ☐

A: ____________________

____

Michael und Katja haben viele Federn gesammelt: Es sind genau 200!
Sie packen immer 100 Federn in eine Tüte.
Wie viele Tüten können sie packen?

☐ ○ ☐ ○ ☐

A: ____________________

Kistler/Schneider: Rechnen ohne Stolperstein, Lernstandserhebungen. Illustrationen: Kristina Klotz

Name ______________________ Datum ______

ZR 1000
10/100

T	H	Z	E
		10 10 10 10 10	

T	H	Z	E
	100 100 100		

$50 \cdot 10 =$ ____

$300 : 10 =$ ____

T	H	Z	E

T	H	Z	E

$30 \cdot 10 =$ ____

$900 : 10 =$ ____

$3 \cdot 100 =$ ____

$100 : 100 =$ ____

$40 \cdot 10 =$ ____

T	H	Z	E
	100 100 100 100		

T	H	Z	E
	100 100		

$4 \cdot 100 =$ ____

$200 : 100 =$ ____

T	H	Z	E

T	H	Z	E

$400 : 10 =$ ____

$6 \cdot 100 =$ ____

$3 \cdot 10 =$ ____

$700 : 100 =$ ____

$90 \cdot 10 =$ ____

T	H	Z	E
		10 10 10	1 1 1 1 1 1

T	H	Z	E
	100 100 100 100	10 10	

$36 \cdot 10 =$ ____

$420 : 10 =$ ____

T	H	Z	E

T	H	Z	E

$370 : 10 =$ ____

$52 \cdot 10 =$ ____

$940 : 10 =$ ____

$91 \cdot 10 =$ ____

$730 \cdot 10 =$ ____

$5 \cdot 100 =$ ____

$84 \cdot 10 =$ ____

$800 : 10 =$ ____

$750 : 10 =$ ____

$300 : 100 =$ ____

$51 \cdot 10 =$ ____

$60 \cdot 10 =$ ____

$690 : 10 =$ ____

Name Datum

ZR 1000
E/Z/H

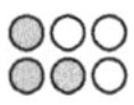

$2 \cdot 3 =$

H	Z	E

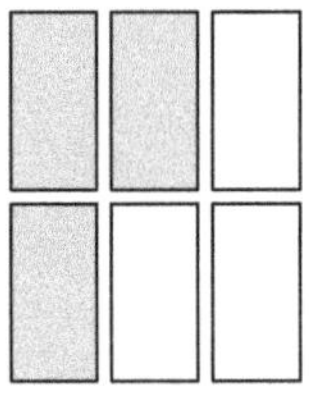

$2 \cdot 30 =$

H	Z	E

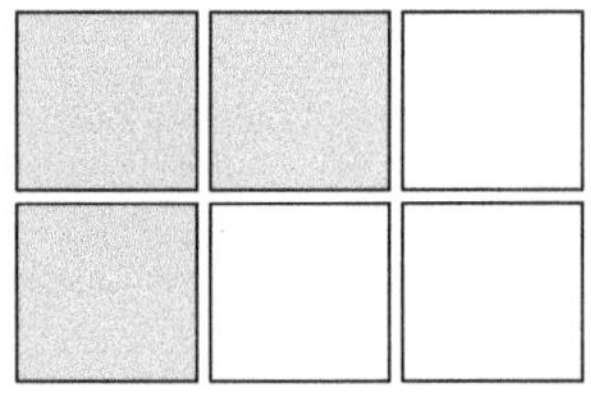

$2 \cdot 300 =$

H	Z	E

$8 \cdot 40 =$ ☐
☐ · ☐ = ☐

$5 \cdot 90 =$ ☐
☐ · ☐ = ☐

$4 \cdot 70 =$ ☐
☐ · ☐ = ☐

$3 \cdot 60 =$ ☐
☐ · ☐ = ☐

$8 \cdot 30 =$ ☐
☐ · ☐ = ☐

$7 \cdot 50 =$ ☐
☐ · ☐ = ☐

Tauschaufgaben

$5 \cdot 30 =$ ☐
☐ · ☐ = ☐

$7 \cdot 40 =$ ☐
☐ · ☐ = ☐

$8 \cdot 60 =$ ☐
☐ · ☐ = ☐

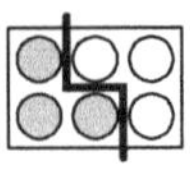

$6 : 3 =$ ☐

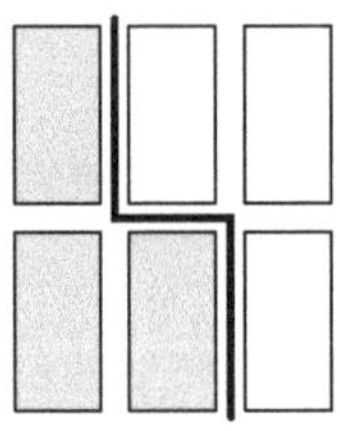

$60 : 30 =$ ☐

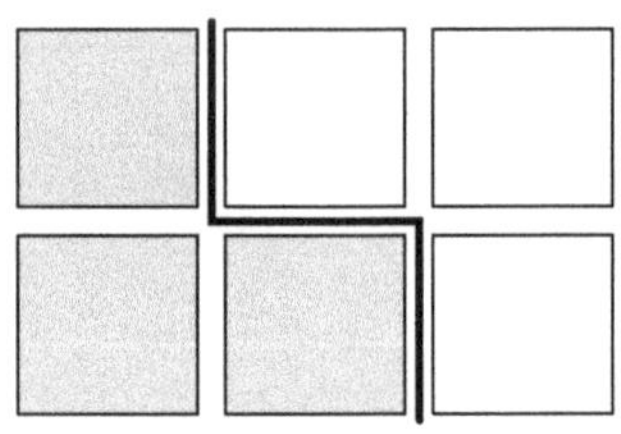

$600 : 300 =$ ☐

Eine kleine Aufgabe – viele große Aufgaben

$800 : 4 =$ ☐
$800 : 400 =$ ☐
☐ : ☐ = ☐

$210 : 70 =$ ☐
$210 : 7 =$ ☐
☐ : ☐ = ☐

$450 : 9 =$ ☐
$450 : 90 =$ ☐
☐ : ☐ = ☐

Über diese Zahl freue ich mich immer. Ich nehme 10 mal 100. Weißt du über welche Zahl ich mich freue?

☐ ○ ☐ ○ ☐
☐ ○ ☐ ○ ☐

A: ______________________

Name Datum

ZR 1000
E/Z
ohne/mit Rest

500 · 2 =	30 · 5 =	640 : 8 =
630 : 7 =	810 : 9 =	30 · 5 =
20 · 8 =	180 : 90 =	600 : 100 =
7 · 100 =	2 · 40 =	10 · 100 =
1000 : 100 =	480 : 8 =	70 · 5 =

Verdoppeln

120 ○ ☐ = ☐

33 ○ ☐ = ☐

500 ○ ☐ = ☐

80 ○ ☐ = ☐

430 ○ ☐ = ☐

Halbieren

1000 ○ ☐ = ☐

840 ○ ☐ = ☐

44 ○ ☐ = ☐

60 ○ ☐ = ☐

666 ○ ☐ = ☐

650 : 80 = ☐ R ☐

☐ : ☐ = ☐ R ☐

570 : 60 = ☐ R ☐

☐ : ☐ = ☐ R ☐

490 : 90 = ☐ R ☐

☐ : ☐ = ☐ R ☐

170 : 50 = ☐ R ☐

☐ : ☐ = ☐ R ☐

Am Anfang teile ich 240 durch 80. Das Ergebnis nehme ich dann mit 100 mal. Das ist meine Zahl!

☐ ○ ☐ ○ ☐

☐ ○ ☐ ○ ☐

A: ______

Ich rechne nur mit Einsern und Nullern. Meine Anfangszahl heißt 101. Diese teile ich durch 100. Wie heißt meine Zahl? Bleibt ein Rest?

☐ ○ ☐ ○ ☐

Rest: ☐

A: ______

Name Datum

ZR 1000

7 · 2 =	35 : 5 =	350 + 350 =
6 · 40 =	450 : 90 =	880 − 120 =
58 · 10 =	800 : 2 =	64 : 8 =
9 · 100 =	810 : 10 =	300 + 400 =
60 · 2 =	1000 : 100 =	72 · 10 =
510 + 80 =	538 − 300 =	738 + 60 =
421 + 48 =	890 − 80 =	90 : 10 =
327 + 212 =	983 − 60 =	100 · 10 =
569 + 1 =	726 − 214 =	999 − 666 =
338 + 111 =	914 − 2 =	240 : 40 =

Ich beginne mit 422. Davon ziehe ich 143 ab. Zum Ergebnis zähle ich 498 dazu. Das Ergebnis gefällt mir gut.

A: ____________________

Die Klasse 4 macht einen Spielestand. Hier können die Kinder Dosen werfen. Der Turm besteht aus 6 Dosen. Susi zählt mit, wie oft sie den Dosen-Turm neu aufgestellt hat: 100 mal! Hannah rechnet aus, wie viele Dosen sie dafür in die Hand nehmen musste. Weißt du es auch?

A: ____________________

Kinder sammeln am Schulfest Geld für ihre Partnerschule in Haiti. Sie verkaufen selbst gemachte Karten. Jede Karte kostet 3 Euro. Am Ende des Tages haben sie 150 Euro eingenommen. Ihr Lehrer Herr Schramm lobt sie. Wie viele Karten konnten sie verkaufen?

A: ____________________

Kistler/Schneider: Rechnen ohne Stolperstein, Lernstandserhebungen. Illustrationen: Kristina Klotz